Peter Strauch · Wer bin ich, wenn mich keiner sieht?

Peter Strauch

Wer bin ich, wenn mich keiner sieht?

Von der Sehnsucht, echt zu sein

scm R.Brockhaus

4. Auflage 2008

Umschlag: Dietmar Reichert, Dormagen
Satz: Christoph Möller, Hattingen
Druck: CPI – Ebner & Spiegel, Ulm
ISBN 978-3-417-24931-6
Bestell-Nr. 224.931

INHALT

Vorwort

Es war vor zehn Jahren, als ich in der englischen Bischofsstadt Canterbury auf den Titel dieses Buches stieß: *Who you are when no one's looking?* (Wer bist du, wenn keiner hinsieht?). Geschrieben hatte es Bill Hybels, und der Titel saß von Anfang an fest in meinem Kopf. Weshalb? Ich bin überzeugt, er berührt ein aktuelles Problem. Viele von uns sind auf ihre Umgebung fixiert, betrachten sich mit den Augen anderer und sind geradezu gefangen in dieser Sicht.

Sie glauben das nicht? Dann schlage ich Ihnen ein Experiment vor. Prüfen Sie einmal Ihren Tagesablauf, am besten gleich jetzt. Nehmen Sie ein Blatt Papier zur Hand, schreiben Sie auf, was Sie in den beiden letzten Tagen getan und geredet haben, Sätze, Blicke und Gesten. Wie oft war dabei Ihre Umgebung bestimmend? Was bedeutete es für Sie, gesehen oder gehört zu werden, und von wem? Rücken Sie dazu die entsprechenden Menschen in Ihr Bewusstsein: Familie, Freundeskreis, Arbeitskollegen, die Frauen und Männer in Ihrer Gemeinde. Es ist kein Geheimnis: Je besser wir unsere Umgebung kennen, desto besser wissen wir auch, wie sie sich uns wünscht, was ihre Erwartung an uns ist. Manchmal haben wir es dabei mit ganz unterschiedlichen Erwartungen zu tun, sonntags sind wir schließlich mit anderen Leuten zusammen als während der Woche. So schlüpfen wir in wechselnde Rollen. Die sich dabei ergebenden Zwänge können ziemlich anstrengend sein.

Wer sind wir eigentlich wirklich? Was ist echt, was ist unecht an uns und unserem Verhalten? Was wurde uns nur anerzogen oder übergestülpt? Hermann Heinrich Grafe, der Gründer der ersten Freien evangelischen Gemeinde in Deutschland, schrieb: „Um zu wissen, was meine Werke vor Gott wert sind, muss ich mich fragen, was ich tun würde, wenn mich kein Mensch sähe und beurteilte." Mit anderen Worten: Vor Gott zählt nur das Echte und das zeigt sich am ehesten, wenn wir ohne Zuschauer sind.

Nein, dies ist nicht nur ein Buch für Christen. Die Frage danach, wer wir wirklich sind, und die Sehnsucht nach Echtheit und Ehrlichkeit beschäftigt schließlich viele - weit über den Kreis der Frommen hinaus. Aber es richtet sich an Menschen, die sich mindestens mit dem christlichen Glauben beschäftigen und sich danach sehnen, authentisch zu sein.

Was ich im Folgenden an Sie weitergebe, ist nicht erdacht oder konstruiert. Wenn ich dabei relativ oft die Bibel zitiere, dann deshalb, weil ich immer wieder staune, wie aktuell und auch ehrlich sie ist. Schon oft habe ich die Erfahrung gemacht, dass sie meine Fragen - wer ich bin und wozu ich lebe - beantwortet. Meist werde ich die *Gute Nachricht Bibel* benutzen - nicht weil ich andere Übersetzungen weniger mag, sondern weil es gut ist, die vertrauten Texte einmal anders zu hören. Das regt zu neuem Hinhören an. Die entsprechenden Bibelstellen werden dabei jeweils angegeben, sodass Sie selbst nachschauen können, was dort steht. Ab und zu finden Sie dieses kleine Symbol

auf den Seiten. Es ist ein kleiner Impuls, das Lesen für einige Augenblicke zu unterbrechen, um über das Geschriebene nachzudenken, sich eventuell ein paar Notizen zu machen und darüber mit Gott ins Gespräch zu kommen.

Wer bin ich?

Auf der Suche nach dem Original

Hildegard Knef wurde an ihrem 75. Geburtstag interviewt und gefragt, was sie empfinde, wenn sie an ihr Leben denke. „Dankbarkeit", antwortete sie. „Dankbarkeit gegenüber wem?" „Dankbarkeit gegenüber dem, den ich nicht kenne." Und dann begann sie von den Höhen und Tiefen ihres Lebens zu erzählen, von Zeiten der Liebe und zerbrechenden Beziehungen, vom prallvollen Leben und qualvollen Krankheiten. Ein ehrliches Interview mit einer beeindruckenden Persönlichkeit! Es enthüllte eine faszinierende Lebensgeschichte, bei der allerdings offen blieb, wer ihr eigentlicher Autor ist.

Aber genau das ist die Schlüsselfrage unseres Lebens: Wer veranlasst und schreibt mein Leben? Wie soll ich herausfinden, was echt ist, wenn ich nichts über die Bedeutung und Bestimmung meines Lebens weiß? Wie soll ich dann überhaupt herausfinden, wer ich bin und zu welchem Zweck ich existiere? Echtsein heißt, in Übereinstimmung mit dem Original sein. Aber worin besteht meine Originalität?

Sehnsucht nach Leben

Als kleiner Junge stillte ich meine Sehnsucht nach Leben mit imaginären Spielen. Mein Vater fuhr einen schweren LKW und weil mich sein Beruf beeindruckte, legte ich beim Spielen mit Modellautos auf dem Muster unseres Teppichbodens beeindruckende Touren zurück. Manchmal durfte ich meinen Vater auf seinen Fahrten begleiten und wenn der LKW stand, um beladen zu werden, setzte ich mich auf den Fahrersitz, nahm das große Lenkrad in meine kleinen Hände und legte in meiner Fantasie großartige Strecken zurück, meist verbunden mit waghalsigen Fahrmanövern. Aber irgendwann begriff ich, dass fantasievolle Spiele meine Sehnsucht nach echtem Leben nicht zufrieden stellen können. Ich wollte ich selbst sein, mit einem ganz eigenen Leben und einer Lebensberufung, die nur mir gilt und niemandem sonst. Wir alle wollen das.

Wer oder was bin ich? Woraus besteht mein Ich? In welche Welt wurde ich hineingeboren? Vor einiger Zeit habe ich mir den Film *Die Truman Show* angesehen. Truman, ein junger Mann, lebt in Seahaven, einer kleinen, gut funktionierenden idyllischen Stadt am Meer. Was er nicht weiß: In Wirklichkeit lebt er in einem riesigen Studio, alle Menschen um ihn herum sind Schauspieler. Er selbst ist ungewollt Hauptdarsteller in einer riesigen Reality-Show mit über 5000 Kameras, hinter allem steht ein machthungriger Regisseur. Ist das unser Leben? Sind wir Teil eines großen Spiels, dessen Spielführer wir weder kennen noch durchschauen?

Oder ist es eher wie bei *Big Brother*, dem Medienspektakel bei RTL? Auch die Personen dort leben in einer Show und führen ihr Leben vor den Augen der Fernsehwelt. Mit einem Unterschied: Sie wissen es. Sie sind fixiert auf ihr Publikum. Wenn sie gut abschneiden wollen, sind sie gezwungen, ihre Zuschauer niemals aus dem Bewusstsein zu verlieren. Überall lauern die Kameras, dahinter applaudiert und pfeift das Publikum, es gibt oder verweigert ihnen seine Anerkennung. Fazit: Nicht nur unsere eigenen Erwartungen an das Leben, auch die Erwartungen unserer Umgebung an uns können zu einer Zwangsjacke werden, die uns hindert, echtes Leben zu entfalten. Die Sehnsucht nach Anerkennung und die Angst, etwas falsch zu machen, halten uns gefangen.

Wer bin ich? Erst wenn ich darauf eine Antwort habe, kann ich aufhören, mir und anderen etwas vorzuspielen. Dann erst kann ich echt sein.

Das Wunder Mensch

Rein physisch gesehen, sind wir ein einziges Wunderwerk. Aus 1000 Billionen Zellen besteht unser Körper, das sind 1000-mal mehr, als die Lichtstraße Sterne hat. Jede einzelne Zelle in sich ist eine winzige biochemische Fabrik, ein weitgehend selbstständig funktionierender Mikrokosmos. Viele hundert Mal kreisen am Tag ca. fünf Liter Blut durch unseren Körper und versorgen die Zellen mit allen notwendigen Ressourcen. Das wiederum ist nur möglich, weil unser Herz das Blut ununterbrochen in Bewegung hält, kein Muskel unseres Körpers leistet mehr. Die Nervenfasern eines Menschen sind zusammen 780 000 km lang. Über die Nervenstränge kommuniziert das Gehirn mit dem Körper, empfängt Daten von den Sinnesorganen, steuert Muskeln und innere Organe, reguliert die Vorgänge in den Geweben. Darüber hinaus ist es lernfähig, speichert Informationen, hält Erfahrungen fest, verhilft uns zur Kreativität, lässt uns planen und vermittelt Bewusstsein. Ich könnte diese Beschreibung des Menschen noch lange fortsetzen, könnte vom Knochenbau und von den Muskelfasern erzählen, von der Lunge und von der Haut, einem unglaublichen Multifunktionsorgan. Aber ist damit wirklich beschrieben, wer wir sind und wozu es uns gibt?

Einige Wissenschaftler scheinen das tatsächlich zu glauben. Sie sind der Meinung, hinter unserer Existenz stünde nichts weiter als ein rein biologischer Vorgang, und um die Wahrheit darüber zu entdecken, müsse man diesen Prozess des Werdens von allen religiösen und philosophischen Vorstellungen befreien. Für sie beginnt menschliches Leben mit der Verschmelzung von Samen und Ei, einer mikroskopisch kleinen Menge menschlicher Substanz. Selbstverständlich hat das Konsequenzen. Wenn ein zehn Tage alter Embryo tatsächlich nichts weiter als ein winziges Klümpchen Blut und Gewebe ist, dann mag es zwar gute Gründe geben, über seine biologischen Funktionen zu staunen, aber eine besondere Bestimmung für dieses Leben gibt es dann nicht. In dem Fall wäre der einzelne Mensch ohne Bedeutung, man könnte ihn zum Experimentieren freigeben und seine Stammzellen klonen.

Dieser Trend setzt sich fort. Nachdem man den genetischen Code entziffert hat, soll nun der neuronale Code erforscht werden. Das Bewusstsein des Menschen sei nur die Summe aller bewussten Wahrnehmungsprozesse, las ich vor kurzem. Wissenschaftler wollen unser Bewusstseins-Ich erforschen und hoffen, so Hirnkrankheiten heilen und Computer nach menschlichem Vorbild bauen zu können. Auch zur künftigen Verbrechensbekämpfung sollen diese Erkenntnisse beitragen. Die *Nasa* entwickelt Gehirnscanner, mit denen potentielle Terroristen in Zukunft bereits am Flughafenschalter entdeckt werden sollen. Auf diese Weise könnte man ihnen die Einreise verweigern, bevor es zum Terrorakt kommt. Das alles scheint zwar nicht in Übereinstimmung mit den geltenden Rechtsvorschriften zu sein, aber Professor Reinhard Merkel (Autor des Buches „Forschungsobjekt Embryo") vermutet, dass sich das sehr schnell ändern kann. Sollte es tatsächlich möglich werden, antisoziales Verhalten vor der auszuführenden Tat zu erkennen, werde das Recht entsprechend angepasst. Von der gebotenen Ehrfurcht vor dem Schöpfer spricht dabei kaum noch jemand. Wenn überhaupt noch jemand geehrt wird, dann nicht der Schöpfer des Himmels und der Erde, sondern die ungeheure Kraft der Evolution, die so etwas wie z. B. die Komplexität des Gehirns in 500 Millionen Jahren hervorgebracht haben soll.

Wer mit einem solchen Menschenbild lebt, der wird nicht an einer besonderen und einmaligen Persönlichkeit festhalten. Nicht Echtheit und Authentizität eines Menschen sind dann erstrebenswert, sondern seine Funktionalität. Wer herausfinden will, was der Mensch wert ist und wie er seiner eigentlichen Bestimmung entsprechend leben kann, der braucht eine andere Sicht. Doch wie finden wir sie? Was ist denn das Besondere an uns?

Zunächst einmal müssen wir akzeptieren, dass sich diese Fragen auf einem rein wissenschaftlichen Weg nicht beantworten lassen. Der Grund liegt nicht etwa darin, dass sich Glaube und Wissenschaft ausschließen, sondern dass die Wissenschaft hier eindeutig an ihre Grenzen stößt. Kluge Leute wie der Physiker Steven Hawking versuchen zwar, die Weltformel zu finden, um Licht in die ursächliche Entstehung unseres Universums zu bringen, aber dabei kann es immer nur um das physikalische Werden gehen. Über den Sinn, der hinter allem steht, auch über die Bedeutung des Menschen und sein eigentliches Ich, ist damit noch gar nichts gesagt. Auch Psychologen können hier nicht weiterhelfen. Sie können seelische Vorgänge beobachten, unser Verhalten und unsere Reaktionen zu erklären versuchen. Aber wer wir im Tiefsten sind, das bleibt auch für sie im Dunkel, es sei denn, sie überschreiten die Grenze ihrer Erkenntnis mit hypothetischen Erklärungsversuchen.

Es gibt nur einen Weg, die Frage nach unserer Bedeutung und Bestimmung zu beantworten: Wir müssen auf den hören, der uns geschaffen hat.

Nun habe ich am Anfang geschrieben, dies sei nicht nur ein Buch für Christen. Es könnte also sein, dass Sie an der Existenz Gottes zweifeln. Wissenschaftler versuchen inzwischen Gott biologisch zu erklären und sprechen von einem so genannten Gottes-Gen. Der amerikanische Molekularbiologe Dean Hamer meint, Spiritualität sei ein grundlegender Bestandteil unseres genetischen Erbes. Man hat begonnen, Gott als Produkt unseres Gehirns zu lokalisieren. Er wohne im *Lobus parietalis superior*, dem Scheitellappen. Neurotheologie nennt sich diese junge Disziplin, die versucht, Religiosität auf biologischer Basis zu verstehen.

Tatsache ist, dass die Sehnsucht nach Gott in allen Kulturen vorhanden ist. Menschen aller Kulturen sehnen sich nach Transzendenz, nach einer übergeordneten Macht, die ihre Geschicke lenkt. Der schwäbische Prälat Friedrich Christoph Oettinger (1702–1782) war der Meinung, man solle einem Wissen, dass sich in fast allen Menschen finde, mit großer Achtung begegnen. Könnte die in allen Völkern zu findende Religiosität nicht gerade ein Hinweis darauf sein, dass wir Menschen zur Gemeinschaft mit Gott geschaffen wurden, uns diese Gemeinschaft aber irgendwann verloren ging?

In der Bibel steht, dass Gott dem Menschen die Ewigkeit ins Herz gelegt hat (Prediger 3,11). Gemeint ist damit nicht nur eine für unsere Verhältnisse unvorstellbare zeitliche und räumliche Entfernung. Schon das wäre eindrucksvoll angesichts von zwölf Milliarden Lichtjahren, die wir inzwischen ins Universum schauen. Angenommen, wir wollten den uns nächstgelegenen Stern besuchen, *Alpha Centauri C*, dann bräuchten wir dafür mit dem heute schnellsten Raumschiff ca. 10 000 Jahre. Dabei ist er nur vier Lichtjahre von uns entfernt.

Aber Ewigkeit beschreibt einen Raum, der über unsere materielle Welt hinausreicht. Der Theologe Karl Heim benutzte dafür das Bild von einem zweidimensionalen Lebewesen. Für ein solches Geschöpf scheiden Höhe und Tiefe als Wirklichkeit aus – trotzdem lässt sich so durchaus komfortabel leben. Jeder Kinobesuch zeigt, dass man auf einer Fläche sogar spannende und faszinierende Ereignisse abbilden kann. Allerdings wäre es völlig falsch, daraus abzuleiten, dass es über die Fläche hinaus keine Wirklichkeit gäbe.

Eindrücklich beschreibt Heim die Grenzen unserer Erkenntnis. Nicht einmal zur Gegenwart finden wir einen Zugang – was wir erleben, ist immer schon Vergangenheit. Wir können nur sehen, was bereits geschehen ist, hören einen Ton erst dann, wenn er angeschlagen wurde. Licht und Schall brauchen eine gewisse Zeit, um unsere Augen und Ohren zu erreichen. Bei entfernten Blickpunkten ist uns das bewusst, aber das gilt eben auch bei der geringsten Entfernung. Nicht einmal uns selbst können wir in den Blick nehmen. Der sehende Punkt wird ja selbst niemals sichtbar; würde er das, wäre er nicht mehr der sehende Punkt. Was mir als Objekt gegenübertritt, bin ich niemals selbst.

Schöpfer und Geschöpf

Wie also sollen wir Menschen mit solchen Begrenzungen Gott jemals erfassen und herausfinden, was er sich dachte, als er uns schuf? Innerhalb unseres Denkens finden wir keinerlei Zugang zu ihm. Gott wohnt in einem Jenseits, das für uns Diesseitige immer verschlossen bleiben wird, selbst wenn unsere Raumschiffe immer schneller werden und gigantische Entfernungen in immer kürzeren Zeiten überbrücken. Nur Gott ist in der Lage, den Vorhang zwischen seinem Jenseits und unserem Diesseits zu öffnen. Die Bibel sagt: *Er wohnt in einem uns Menschen unzugänglichen Licht* (1. Timotheus 6,16). Von uns aus gibt es keinen Weg zu ihm, es bleibt nur der Weg von ihm zu uns.

Und stellen Sie sich vor: Gott hat den Vorhang geöffnet! In der Bibel wird uns gesagt, wer wir sind und woher wir kommen. Auf ihren ersten Seiten lesen wir: *Gott sprach: Lasst uns Menschen machen, ein Bild, das uns gleich sei* (1. Mose 1,26a). Und im nächsten Vers: *Und Gott schuf den Menschen zu seinem Bilde, zum Bilde Gottes schuf er ihn; und schuf sie als Mann und Frau* (1. Mose 1,27).

Demnach ist der Mensch also kein Zufallsprodukt. Er ist von Gott gewollt und wurde als Ebenbild Gottes erschaffen. Wörtlich steht da: *Gott schuf ihn als sein Abbild*. An anderen Stellen im Alten Testament wird dieser Begriff mit *Skulptur* oder *Statue* wiedergegeben. Das erinnert an den Mount Rushmore, jenes gewaltige Felsmassiv in den USA, wo die Köpfe von vier amerikanischen Präsidenten eindrucksvoll aus dem Stein herausgearbeitet wurden. Nein, nicht der Fels ist das Besondere, sondern das Bild, das in ihm erkennbar wird. So ist auch unser Leben ein Hinweis auf Gott – das ist unsere Bestimmung. Noch deutlicher wird das in dem zweiten Begriff: *Ähnlichkeit, Nachbild, Entsprechung*. Gemeint ist die einzigartige Beziehung zwischen Gott und seinen Menschen.

Gott hat uns eben nicht als funktionierende und faszinierende Maschine in die Welt gesetzt. Mit den Menschen schuf er Personen, die er liebt, mit denen er redet und Gemeinschaft pflegt. Ein gottähnliches Abbild sind wir. Das ist nicht zu fassen, wo doch der Mensch aus Erde wurde und wieder zur Erde wird (1. Mose 3,19b). Aber er ist eben mehr als ein sich irgendwann im Grab auflösender Körper. Gott schuf sich ein geliebtes Gegenüber, ein einzigartiges Wesen, das er besucht, mit dem er redet und das er beauftragt, seine Schöpfung zu bewahren (1. Mose 1+2). In der Gemeinschaft mit dem Schöpfer sollen wir Menschen das Wesen Gottes widerspiegeln, seine Liebe, seine Gerechtigkeit, Barmherzigkeit und Güte. Und da ein Mensch dazu alleine gar nicht in der Lage ist, schuf Gott den Menschen männlich und weiblich, also als Mann und Frau (1. Mose 1,27).

Wenn Sie die Bibel kennen, wissen Sie, dass es darin von der ersten bis zu letzten Seite um eine einzigartige Beziehungsgeschichte geht. Auch Sie und ich kommen darin vor, denn Gott hat nicht nur die ersten Menschen ins Leben gerufen, er setzte damals nicht eine Maschine in Gang. Jeder ist seine einzigartige Schöpfung, auch jeder, der noch geboren wird. Im Psalm 139 betet David: *Du hast mich geschaffen mit Leib und Geist, mich zusammengefügt im Schoß meiner Mutter. Dafür danke ich dir, es erfüllt mich mit Ehrfurcht. An mir selber erkenne ich: Alle deine Taten sind Wunder! Ich war dir nicht verborgen, als ich im Dunkeln Gestalt annahm ...* (Vers 13–15a).

Ob wir es nun glauben oder nicht: Jeder von uns, auch der von seinen Eltern ungewollte Mensch, ist eine eigens von Gott ins Leben gerufene Person. Und dieses einzigartige Leben war bereits ein Gedanke Gottes, noch bevor Samenzelle und Eizelle zusammenfanden. Gott sagt dem Propheten Jeremia: *Noch bevor ich dich im Leib deiner Mutter entstehen ließ, hatte ich schon meinen Plan mit dir. Noch ehe du aus dem Mutterschoß kamst, hatte ich bereits die Hand auf dich gelegt* (Jeremia 1,4-5).

Begreifen Sie, was das heißt? Nun kann nicht mehr die Rede davon sein, dass wir eine Zufälligkeit sind, also ein vielleicht sogar ungewolltes Produkt zweier Menschen, die miteinander geschlafen haben. Manchmal reden verliebte Paare davon, dass sie ein Kind *machen* wollen. Das klingt so, als könnten sie einen Menschen produzieren. Was für eine Selbstüberschätzung! Gott ist und bleibt der Schöpfer allen Lebens, auch des ihren.

Der Mensch sein, den Gott sich erdacht hat

Das hat allerdings Konsequenzen, und die haben unmittelbar mit unserem Thema zu tun. Wenn Gott uns als Person gewollt und geschaffen hat, dann macht es keinen Sinn mehr, in die Rolle eines anderen zu schlüpfen und ihn kopieren zu wollen. Wenn mein Leben von Gott beabsichtigt ist, dann bin ich etwas Einmaliges, dann hat jeder von uns seine ganz eigene Identität. Auch das hat David begriffen und deshalb bittet er am Ende des schon zitierten 139. Psalms: *Durchforsche mich, Gott, sieh mir ins Herz, prüfe meine Wünsche und Gedanken! Und wenn ich in Gefahr bin, mich von dir zu entfernen, dann bring mich zurück auf den Weg zu dir!* David möchte der Mensch sein, den Gott sich gedacht hat.

Vor Jahren bekam ich das Poesiealbum einer 12-Jährigen in die Hand. Sie hatte mich gebeten, dort etwas hineinzuschreiben. Ich blätterte zurück und entdeckte einen Satz ihres Großvaters. Er lautete etwa so: *Meine liebe Bärbel, in diesem Buch wünschen Dir Menschen Gutes. Aber ich wünsche Dir das Beste, das es überhaupt für Dich geben kann: Werde die Bärbel, die Du nach dem Willen Gottes sein sollst!* Bei Pindaros aus Theben (522–446 v.Chr.) heißt es: *Werde, der du bist!* Wenn wir davon ausgehen, dass Gott mit jedem Menschen einen bestimmten Plan verfolgt und ihn dazu mit besonderen Begabungen und Möglichkeiten ausstattet, dann trifft dieses Wort zu.

Aber nun ist es ja möglich, dass einige Leser und Leserinnen sich zwar danach sehnen, etwas Besonderes zu sein, ihnen aber der Gedanke an Gott dabei sehr fremd ist. Woran liegt das? Wenn Gott uns wirklich gewollt und geschaffen hat, müsste uns dann das Leben mit ihm nicht in die Gene geschrieben sein? Warum ist er uns so fremd? Weshalb sind wir ihm gegenüber so distanziert?

Unsere Fremdheit gegenüber Gott hat ihren Grund in einer tiefen

Beziehungsstörung. Auch darüber spricht die Bibel auf ihren ersten Seiten. Adam und Eva hörten auf die Schlange und übertraten Gottes Gebot. So wurde die Beziehung zu Gott gestört, und sie versteckten sich vor ihm. *Dann werdet ihr sein wie Gott,* hatte die Schlange ihnen zugeraunt und sie aufgefordert, von der verbotenen Frucht zu essen (1. Mose 3,4). Der Gedanke war reizvoll, und die Früchte sahen sehr gut aus, sodass die beiden ihrer Verführungskunst unterlagen. Am Abend, als es kühler wurde und Gott durch den Garten ging, versteckten sie sich vor ihm. Gott rief: *Adam, wo bist du?* Er forderte Rechenschaft von seinen Geschöpfen. Sie aber wichen seinen Fragen aus und reichten die Schuld jeweils an den anderen weiter. So kam es zur Verurteilung. Sünde verursacht Trennung, Adam und Eva mussten den Garten Eden verlassen. Von da an lebten die Menschen jenseits von Eden. Das ist das größte Dilemma der Menschheitsgeschichte.

Übrigens hat sich die Verführungsstrategie der Schlange bis heute nicht geändert. In seinem Buch *Der Gotteskomplex* beschreibt der Psychoanalytiker Horst-Eberhard Richter das egozentrische Streben des Menschen nach gottgleicher Allmacht. Ob auf der weltpolitischen Bühne oder auf der kleinsten Ebene von Ehe und Familie, fast immer liegt die Ursache gestörter Beziehungen in unserem Machtanspruch. Wir wollen wie Gott sein, und das macht uns einsam und beziehungsgestört.

Und doch kommen wir nicht von Gott los. Unsere tiefe Sehnsucht nach Glück hat vor allem in unserer Herkunft ihren Grund. Es gibt einen Raum des Glücks, den wir mit allen uns zur Verfügung stehenden Mitteln nicht öffnen können. Wir spüren: Da muss mehr sein, als wir sehen und verstehen – aber was? „Leben ist wie ein zugeklappter Fächer. Glück ist, den Fächer öffnen und die Landschaft sehen", schrieb die Schauspielerin Erika Pluhar in ihr vor vielen Jahren veröffentlichtes Tagebuch. Und Wolf Biermann singt in einem alten Lied aus DDR-Tagen: „Das kann doch nicht alles gewesen sein, das bisschen Glotze und Kinderschrein. Da muss doch noch Leben ins Leben."

Selten zeigte sich die Sehnsucht nach Glück und einem sinnerfüllten Leben so deutlich wie in unseren Tagen. Der Besuch der Kirchen mag erschreckend gering sein, aber die Religiosität des Menschen hat Hochkonjunktur. Je mehr wir zu wissen glauben, desto weniger glauben wir an unser Wissen. Da bleibt ein Vakuum, das sich nicht mit Wissensdaten und materiellen Dingen füllen lässt. Weshalb das so ist? Die Antwort ist meines Erachtens klar: Uns fehlt nach wie vor die Beziehung zu Gott, um sinnerfüllt leben zu können. Das äußert sich in einer unstillbaren Sehnsucht nach Sinn und Authentizität. C.S. Lewis spricht von einem „Verlangen nach unserem eigenen weit entfernten Land, das wir nie bereist haben, von dem Duft der Blume, die wir nicht gefunden haben, von dem Klang der Melodie, die wir nicht gehört haben"[1]. Wir sind heimatlos, weil wir das Land unserer Herkunft und Bestimmung verloren haben. „Unruhig ist unser Herz, bis dass es Ruhe findet in dir, Gott", betet der Kirchenvater Augustinus. Ohne Gott bleibt uns nur die Ruhelosigkeit. Unsere Identität finden wir einzig und allein bei ihm. Das wird auch deutlich, wenn wir das heute so missverständlich gebrauchte Wort *Sünde* wortwörtlich übersetzen: *Zielverfehlung*. Wir haben das Ziel aus den Augen verloren und treiben ziellos umher. Und wenn wir ehrlich sind: Wir wissen es längst.

Gottes Rückrufaktion

Und nun stellen Sie sich vor: Gott hat sich auf den Weg zu uns gemacht, er holt uns nach Hause. Das ist das Zentrum der Bibel, Gottes gute Nachricht. Sie lautet im O-Ton: *Gott hat die Menschen so sehr geliebt, dass er seinen einzigen Sohn hergab. Nun werden alle, die sich auf den Sohn Gottes verlassen, nicht zugrunde gehen, sondern ewig leben* (Johannes 3,16).

Die Rede ist hier von Jesus Christus. Er wurde vor über 2000 Jah-

1 C.S. Lewis: Das Gewicht der Herrlichkeit. Brunnen Verlag, Basel 2005

ren in der judäischen Stadt Bethlehem geboren. Drei Jahrzehnte lebte er unter uns Menschen, vier Bücher in der Bibel berichten ausschließlich davon: Matthäus, Markus, Lukas und Johannes. Er ist das Ebenbild des unsichtbaren Gottes (Kolosser 1,15).

An Jesus wird deutlich, wie Gott ist und wie er uns haben will: Er wertete niemals einen Menschen ab. Jeden ließ er spüren: Du bist eine von Gott geliebte Persönlichkeit. Er tröstete, ermutigte und heilte viele Menschen. Dagegen waren seine Worte mahnend gegenüber denen, die sich fromm gaben, aber es nicht waren. *Euer Ja sei ein Ja, euer Nein ein Nein,* sagte er (Matthäus 5,37). Wer nach einem ehrlichen und echten Menschen sucht, der muss auf Jesus sehen.

Aber das Leben von Jesus begann nicht erst mit seiner Geburt in Bethlehem. Er existierte bereits vor der Erschaffung der Welt in der unsichtbaren Wirklichkeit Gottes (Johannes 1,1-3). Von seinem Vater im Himmel wurde er auf die Erde gesandt, damit begann die große Rückrufaktion Gottes. Um uns von der Sünde zu befreien, starb Jesus für uns stellvertretend am Kreuz. Aber die Geschichte von Jesus endete nicht mit seinem Tod. Am dritten Tag verließ er das Grab und kam zurück ins Leben. Er erschien vielen Menschen, allein über 500 Leuten in Jerusalem (1. Korinther 15,6). Heute ist er wieder im Himmel bei seinem Vater und doch ganz in unserer Nähe.

Ich weiß, das alles klingt unglaublich – nicht nur für uns, auch schon für seine Jünger damals. Sie konnten es nicht fassen und zweifelten. Die Schlüsselfrage lautet: Sind wir bereit zu glauben, dass Jesus Christus der Sohn Gottes ist? Wenn ja, dann macht es keinen Sinn, unsere irdischen Grenzen auf ihn zu übertragen. Wenn er Gott ist, dann sind ihm auch alle Dinge möglich. Das zu glauben ist dann nur konsequent. War er dagegen nichts weiter als ein Mensch, dann sollten wir nicht länger auf eine besondere Bestimmung unseres Lebens hoffen, dann ist unser Leben ein Zufallsprodukt, ohne jede Bedeutung. Spätestens in ein paar Jahrzehnten, wenn wir gestorben sind, ist alles vorbei.

Der König von Narnia

Vor einigen Wochen war ich mit meiner Familie in dem Film *Der König von Narnia*. Er wurde nach einer Kindergeschichte von C.S. Lewis gedreht, dem englischen Literaturwissenschaftler und meist gelesenen christlichen Autor des vergangenen Jahrhunderts. Narnia ist ein Land mit märchenhaften Figuren. Die Kinder Peter, Suse, Edmund und Lucy entdecken es in einem alten Kleiderschrank. Durch den Schrank schreiten sie in eine verborgene und geheimnisvolle Welt. Für C.S. Lewis ist Narnia ein Bild für die biblische Welt des Glaubens. Der dort lebende Löwe Aslan, der schließlich sein Leben opfert, um Edmunds Verrat an seinen Geschwistern zu sühnen, ist ein Hinweis auf Jesus Christus. Aslan hat diese Welt erschaffen, bekämpft das Böse und hilft den Menschenkindern, ihre wahre Bestimmung zu finden. Die Kinder lieben ihn von ganzem Herzen, obwohl sie gleichzeitig auch eine heilige Scheu empfinden.

Als Aslan am Ende den Kindern ankündigt, dass sie nie mehr nach Narnia kommen können, weil sie jetzt zu alt dafür seien, schluchzt Lucy: „Es ist nicht Narnia, weißt du! Du bist es! Wir werden dich nicht mehr sehen! Und wie können wir leben, wenn wir dich nicht mehr sehen?“ Darauf antwortet ihr Aslan, dass es ihn auch in unserer Welt gebe, aber unter einem anderen Namen. Ein elfjähriges Mädchen fragte Lewis in einem Brief, wie denn nun Aslans Namen in unserer Welt laute, und er antwortete: „Wer in unserer Welt wird erstens Weihnachten als Heiland angekündigt, hat zweitens von sich selbst gesagt, er sei der Sohn des großen Herrschers, gab sich drittens wegen der Schuld eines anderen hin, um von bösen Menschen verspottet und ermordet zu werden, kam viertens aus dem Tod wieder zurück ins Leben und wird fünftens manchmal als Lamm bezeichnet? Kennst du wirklich nicht seinen Namen in unserer Welt? Denk darüber nach und lass mich deine Antwort wissen.“[2]

---

2 C.S. Lewis: Briefe aus Narnia. C.S. Lewis schreibt an Kinder. Brendow Verlag, Moers 1996

Es steht fest: Wir haben Gott verloren und sind jenseits von Eden. Gott ruft uns zu sich zurück. Nur bei ihm finden wir unsere ursprüngliche Identität.

Jesus erzählte seinen Zuhörern eine Geschichte, um ihnen zu zeigen, wie sie wieder zu Gott finden können: Ein Mann hatte zwei Söhne. Der Jüngere ließ sich sein Erbe auszahlen, verließ den Vater und verjubelte alles, was er besaß. Zu allem Unglück brach auch noch eine Hungersnot aus und es ging ihm sehr schlecht. Da fand er eine Arbeit als Schweinehirt, für einen jüdischen Menschen das Allerletzte. Aber dort bei den Schweinen kam er zur Besinnung, erinnerte sich an seinen Vater und machte sich endlich auf den Weg nach Hause. Als er um die letzte Biegung kam, sah ihn sein Vater, lief ihm entgegen und nahm ihn in die Arme. *Vater, ich bin vor Gott und dir schuldig geworden. Ich bin es nicht mehr wert, dein Sohn zu sein,* sagte der Sohn. Aber der Vater ließ ihm die besten Kleider bringen, gab ihm Schuhe und steckte ihm den Siegelring an den Finger. *Wir wollen ein Fest feiern*, rief er, *denn mein Sohn war tot, jetzt lebt er wieder. Er war verloren, jetzt habe ich ihn wieder gefunden* (Lukas 15,24).

Die Geschichte geht noch weiter, aber das für uns Entscheidende ist gesagt: Jemand, der sich von Gott getrennt hat, findet den Weg nach Hause! Jemand, der seine Identität verloren hatte, ist nun wieder eine originale Persönlichkeit! Dazu genügt es nicht, das Evangelium zu kennen. Schon im Schweinestall hatte der Junge die richtigen Gedanken im Kopf, aber das allein half ihm noch nicht. Er machte sich auf den Weg. Das war entscheidend, und das ist es auch für uns.

Wie man sich auf den Weg macht? *Glaube* nennt die Bibel das. Hier müssen wir präzise sein. In unserer deutschen Sprache sprechen wir mit dem Wort ein Vermutung aus. Ich *glaube* an Gott, heißt demnach: Ich vermute, dass es ihn gibt. Aber in der Bibel steht *Glaube* für eine Überzeugung. Der biblische Begriff lässt sich auch mit *Treue* oder *Vertrauen* übersetzen. Wer an Gott glaubt, der rechnet mit ihm und vertraut sich ihm mit seiner ganzen Existenz an. Nur auf diesem Weg finden wir zu unserer ursprünglichen Identität.

Konkrete Schritte

Und damit das alles nicht nur ein Gedankenspiel bleibt, lassen Sie mich noch konkreter werden: Sie können jetzt mit dem Vater im Himmel sprechen. Beten nennt die Bibel das. Nein, das muss nicht besonders feierlich sein. Auch auf die Wortwahl kommt es nicht an. Wenn Sie wollen und es Ihnen damit ernst ist, dann beten Sie jetzt die folgenden Sätze:

> *Gott, ich danke dir, dass du mich gewollt und geschaffen hast. Ich habe dich verloren und empfinde mich weit weg von dir, aber ich danke dir, dass du mich liebst und deinen Sohn Jesus auf die Erde sandtest, um für meine Sünde zu sterben und mich nach Hause zu holen. Ich nehme deine Liebe für mich in Anspruch und bitte dich: Vergib mir meine Schuld. Nimm mein Leben in deine Hand. Vater, ich will dir gehören und niemandem sonst. Mache mich zu dem Menschen, den du dir schon vor meiner Geburt erdacht hast. Jesus Christus, danke, dass du für mich gestorben und auferstanden bist. Bleibe bei mir, präge und gestalte mich durch deinen Heiligen Geist. Ich will dir nachfolgen. Sei mein Herr und halte mich fest bei dir im Leben und im Sterben. Amen.*

Mag sein, dass Sie nach diesem Gebet nichts Besonderes spüren. Vertrauen Sie darauf, dass der große Gott Sie gehört hat und Ihre Worte ernst nimmt. Er ist Ihnen viel näher, als Sie es denken und fühlen. David betet: *Herr, ob ich tätig bin oder ausruhe, du siehst mich; jeder Schritt, den ich mache, ist dir bekannt. Noch ehe ein Wort auf meine Zunge kommt, hast du, Herr, es schon gehört. Du umgibst mich von allen Seiten, ich bin ganz in deiner Hand* (Psalm 139,5).

Was sagte der Vater über seinen bisher verlorenen Sohn? *Mein Sohn war verloren, jetzt habe ich ihn wieder gefunden* (Lukas 15,24). So ist Gott. So ist er auch zu Ihnen, wenn Sie jetzt nach Hause kommen. Gott wartet auf seine Söhne und Töchter, damit sie wieder dort sind, wo sie hingehören. Der Vater gibt ihnen ihre wahre Identität zurück. Nichts, wirklich nichts, kann sie dann noch von seiner Liebe trennen (Römer 8,38.39).

Aber auch das muss ehrlicherweise gesagt werden: Es macht nicht klick und dann läuft alles von selbst. Alte Lebensmuster und negative Gewohnheiten sind manchmal wie tief eingefahrene Spuren. Immer wieder drohen wir aus unserer neuen Identität in sie zurückzufallen. Weshalb das so ist? Wir leben in einer verführerischen Welt. Das Egozentrische wird meist als das Normale betrachtet und das Angepasste als das Bequeme. Wir müssen also lernen, auch in der Lebenspraxis konsequent umzudenken, und das als richtig Erkannte tun. Wie macht man das?

Erstens muss es uns in Fleisch und Blut übergehen: Ich bin jetzt bei meinem Vater zu Hause! So wie Gott es damals dem Volk Israel sagte, so sagt er es jetzt auch mir: *Fürchte dich nicht, ich habe dich befreit! Ich habe dich bei deinem Namen gerufen, du gehörst mir* (Jesaja 43,1b). Es kann sein, dass unsere Gefühle die neuen Verhältnisse nicht auf Anhieb bestätigen. Gefühle brauchen manchmal länger, um eine neue Situation zu erfassen. Gefühle können auch täuschen. Sie spiegeln nicht unbedingt die wahren Verhältnisse wider. Deshalb gibt Gott uns seine Zusage schwarz auf weiß (Johannes 5,24; 6,37; 8,31-32; 10,27-28; 11,25-26 u. a.).

Zweitens sollten wir unserem Vater im Himmel danken, dass er uns seinen Heiligen Geist gegeben hat (Römer 8,14–16). Damit sind wir nicht mehr allein auf uns und unsere Möglichkeiten angewiesen. Wir leben von Gott und seiner unbegrenzten Macht. Leider haben das auch manche Christen nicht begriffen. Sie kämpfen sich ab, sehen wenig Erfolg und resignieren. Moralische Anstrengung macht auf Dauer mürbe. Wer darin das Wesen des Christseins sieht, hat vom Evangelium nichts begriffen. Christen müssen nicht mehr Gefangene ihrer selbstsüchtigen Natur sein. Der Geist Gottes gibt ihnen eine neue Lebensqualität. Sie sind nicht wie Kinder ohne Eltern, zurückgelassen auf der Erde, während sich Jesus beim Vater im Himmel vergnügt.

Als Jesus seine Jünger darauf vorbereitete, dass er sie verlassen müsse, um zu seinem Vater zurückzukehren, sagte er: *Ich lasse euch nicht wie Waisenkinder allein; ich komme wieder zu euch. Es dauert noch eine kurze Zeit, dann wird mich die Welt nicht mehr sehen. Aber ihr werdet mich dann sehen, und ihr werdet leben, weil ich lebe* (Johannes 14,18-19). Und er sagt weiter: *Es ist gut für euch, dass ich fortgehe, denn sonst wird der Helfer nicht zu euch kommen. Wenn ich aber fortgehe, dann werde ich ihn zu euch senden, und er wird meine Stelle einnehmen* (Johannes 16,7). Gemeint ist der Heilige Geist. Das Wort *Helfer* wird in anderen Bibelausgaben mit *Anwalt, Tröster* oder *Fürsprecher* übersetzt, wörtlich: *jemand, der uns zur Seite gerufen ist*. Genau das ist die Aufgabe des Heiligen Geistes. Jeder, der zum Glauben an Jesus Christus findet, wird von ihm bewohnt (Johannes 7,39). Seitdem ist die Vorstellung, dass Gott im Himmel ist und wir allein auf der Erde, völlig falsch. Zwar ist Gott auch im Himmel, aber auf der Erde leben wir jetzt schon mit ihm. Das bleibt nicht ohne Folgen. Der Geist Gottes verändert uns, durch ihn wachsen gute Früchte in unserem Leben. Die Bibel nennt sie: Liebe, Freude, Friede, Geduld, Freundlichkeit, Treue, Sanftmut, Selbstbeherrschung (Galater 2,20). Dabei produziert Gott keine frommen Einheitstypen. Man muss nur in seine wunderbare Schöpfung sehen, um das zu begreifen. Gottes Geist prägt und bildet unsere Originalität weiter aus, macht aus Personen Persönlichkeiten mit höchster Identität.

Drittens sollen wir Gott zur Verfügung stehen, ihm ganz ehrlich sagen: Hier bin ich. Nimm mich, wie ich bin. Je mehr wir in Gottes Hände kommen, desto geborgener sind wir. Und so paradox es auch klingen mag: Desto glücklicher sind wir auch, denn damit finden wir zurück an unseren Bestimmungsort. Selbstsüchtige Machtspiele mögen uns in Bewegung halten und eine gewisse Abwechslung bieten, zufrieden stellen werden sie uns nie. Aber darüber später mehr.

Kehren wir zurück zu Hildegard Knef. Sie ist dankbar für ihr Leben, weiß aber nicht, wem gegenüber sie diesen Dank aussprechen soll. Reinhard Mey, dessen Lieder mich ansprechen und oft auf den Punkt bringen, was ich empfinde, antwortete auf die Frage nach Gott: „Ich weiß nicht, ob es da einen Geist, einen *spiritus rector*, also jemanden gibt, der alles lenkt. Es ist schwer, sich das vorzustellen." Aber ist das wirklich so schwer? Vermutlich haben er und viele andere die gute Nachricht von Jesus Christus nie wirklich kennen gelernt. Was sie kennen, ist ein verunstaltetes Christentum, das mit dem biblischen Jesus kaum Ähnlichkeiten hat. Viele ernsthafte und sich nach Echtheit sehnende Zeitgenossen kennen nur verbürgerlichte Namenschristen, die sich benehmen wie alle Welt und den Zugang zu Gott eher erschweren als öffnen. Manchmal möchte ich es herausschreien: Gott ist ganz anders! Schaut auf Jesus Christus. Er liebt euch und sehnt sich danach, dass ihr nach Hause kommt! In der Gemeinschaft mit ihm und dem Vater im Himmel findet ihr jene unverwechselbare Identität, nach der ihr euch so sehr sehnt.

Jeder Mensch ein Gedanke Gottes? Zweifellos. Wer sich in seine Hände gibt, ist in den besten Händen! Er muss sich nicht länger den

Himmel verdienen. Er muss nicht Gutes tun, um von Gott anerkannt und geliebt zu werden. Er hat es nicht nötig, sich mit anderen zu vergleichen, sie zu kopieren und seiner Umgebung etwas vorzuspielen. Er kann es sich leisten, echt zu sein.

Authentisch leben - aber wie?

Wie wir in das Bild Gottes wachsen

Wir trafen uns im Dünenhof bei Cuxhaven. Wir, das waren 170 Leute aus den unterschiedlichsten Kirchen. Gemeinsam bewegte uns ein Thema: Wie der Glaube vom Kopf ins Herz kommt. So verschieden die Teilnehmer des Seminars auch waren, offensichtlich plagte viele das gleiche Problem: Wie kann Glaube echt werden? Wie findet man vom bloßen Kopfwissen zu einer eigenen Erfahrungswelt des Glaubens? Es gibt in christlichen Gemeinden und Gemeinschaften so unglaublich viel Angelerntes, das bisher niemals Teil des persönlichen Lebens geworden ist. Fast alle der Anwesenden hatten irgendwann begriffen, dass sie eine von Gott geliebte und geschaffene Persönlichkeit sind, die meisten hatten längst ein bewusstes Leben mit ihm begonnen, waren überzeugte und bekennende Christen. Aber das allein löste die Problematik offensichtlich nicht. Im Gegenteil, gerade weil sie Christen waren, litten sie unter der Unehrlichkeit. Sie wollten authentische Christen sein - aber wie?

Mehr als ein Modetrend

Nun liegt dieses Thema zweifellos im Trend unserer Zeit. Schließlich fragt man heute auf allen Gebieten nach Echtheit und Ehrlichkeit. Wer nur den Schein wahrt, kann niemanden überzeugen. Ob auf der wirtschaftlichen, politischen oder kirchlichen Ebene, niemand wird mehr gehört, nur weil er Mitglied der richtigen Institution oder Kirche ist. Sei ehrlich und zeige, wer du bist - selten wurde dies so nachdrücklich eingefordert wie heute.

Das ist auch unter den Christen kaum anders. Die Zeitschrift AUFATMEN spricht im Untertitel vom authentischen Leben und meint damit: Echtheit, Ehrlichkeit und Originalität. Auch der christliche Buchmarkt signalisiert seit vielen Jahren die Aktualität dieses Themas. Ein Buch des bekannten britischen Theologen John Stott trägt den Titel: *Authentic Christianity* und das vor Jahren herausgegebene Buch von Bill Hybels *Honest to God* fügt im Untertitel erklärend hinzu: *Becoming an Authentic Christian*. Auch Politiker und Politikerinnen reden zunehmend von Ehrlichkeit und Managerzeitschriften vom authentischen Leben. In der Geschäftswelt hat man dabei längst die Erfolgschancen im Blick und spricht bereits von Authentizität, wenn eine Person den Anschein von Echtheit erweckt.

Aber gemeint ist hier mehr als eine Modeerscheinung. Die Sehnsucht nach authentischem Leben ist uns in die Wiege gelegt. Ein kleines Kind veranschaulicht das unmissverständlich. Was es auch fühlt und tut, es fühlt und tut es ganz. Wenn es sich freut, so freut es sich mit allen Fasern seines Lebens. Es tanzt und springt umher und entwickelt dabei eine beträchtliche Lautstärke. Und wenn es Schmerzen hat oder Hunger, so bringt es auch das mit allen Mitteln zum Ausdruck. Die unter Christen verbreitete Art sich zu freuen, ohne dabei eine Miene zu verziehen, ist für ein Kind undenkbar. Was es erlebt, erlebt es echt und ganz.

Nun ist dieser Zustand für einen Erwachsenen sicher nicht erstrebenswert. Wo kämen wir hin, wenn wir unseren Stimmungen jeweils lautstark Ausdruck verliehen! Und trotzdem zeigt sich hier etwas, was für unser Thema bezeichnend ist. Es ist die Diskrepanz zwischen innerem und äußerem Leben, zwischen verborgener und öffentlicher Existenz, zwischen privatem und offiziellem Sein, die unsere Echtheit verletzt. Wir sind nicht mehr stimmig. Die Harmonie unseres Lebens ist verloren gegangen.

Gerade für Christen sind die Folgen verheerend. Schließlich sind sie zur Glaubwürdigkeit verpflichtet. Gegen kaum etwas richtet die Bibel sich mit solcher Schärfe wie gegen die Heuchelei. Im Alten Testament verweigert Gott den Betern seine Ohren, weil ihre Herzen nicht beteiligt sind (Jesaja 1,15). Und im Neuen Testament muss ein

Ehepaar sterben, weil es eine Frömmigkeit zur Schau trägt, die nicht echt ist (Apostelgeschichte 5,1-11). Hananias und Saphira wollten dem Frömmigkeits-Level der Jerusalemer Gemeinde entsprechen. Folglich taten sie so, als stellten sie ihren gesamten Besitz Gott zur Verfügung. Sie wurden mit dem Tod bestraft. Nein, das Problem war nicht, dass sie vom Verkaufspreis ihres Ackers etwas für sich behalten hatten. Das Problem war ihre Unehrlichkeit, mit der sie die Menschen und Gott belogen hatten (Vers 4).

Mit anderen Worten: Echtheit, Ehrlichkeit, Authentischsein sind Wesensmerkmale geistlichen Lebens. Ohne sie mögen wir zwar als fromme Leute gelten, aber das Eigentliche bleibt auf der Strecke. Man kann es nicht besser auf den Punkt bringen als Hermann Heinrich Grafe (1818–1869) in einem Gebetslied: „Wenn wir singen, wenn wir beten, lass uns, Herr, so vor dich treten, wie wir dir sind offenbar. Lass uns doch nicht anders scheinen, als wir denken, als wir's meinen; mach uns lauter, mach uns wahr."

Aber wenn das so ist, woher kommt dann der Hang zum unehrlichen Leben? Weshalb machen wir uns und anderen das Christsein so schwer? Darüber müssen wir nun reden.

Rollenspiele

Nach meiner Erfahrung ist die Sehnsucht nach authentischem Christsein bei denen am stärksten, die in christlichen Elternhäusern aufgewachsen sind. Sie haben am ehesten das Empfinden, sich mit ihrer Frömmigkeit in fremden Kleidern zu bewegen. Woher kommt das? Was sind die Ursachen?

Ich will jetzt nicht von den normalen Entwicklungen reden, die fast jeder durchmacht, der sich von seinen Eltern abnabelt, um seinen eigenen Weg zu finden. Dass dabei auch der Glaube einbezogen ist und es schwer sein kann, zwischen Anerzogenem und Eigenem zu unterscheiden, liegt auf der Hand. Darum wird es speziell im nächsten Kapitel gehen.

Aber es gibt geradezu eine Verführung zur Unehrlichkeit und die müssen wir beim Namen nennen. In frommen Häusern besteht hin und wieder die Gefahr, Familien auf ihre Umgebung zu fixieren. „Was sollen denn die Leute denken!" oder: „Das tut man nicht!" sind dabei gängige Redensarten. Wer das lange genug zu hören bekommt, wird schließlich nur noch auf seine Außenwirkung bedacht sein. Nicht die Frage nach Gut und Böse, nach Recht und Unrecht ist dann für ihn bestimmend, sondern vielmehr: Was ist in den Augen meiner Umgebung gut oder böse, richtig oder falsch? Es ist klar, dass eine solche Ethik nicht trägt, auch in pietistischen und evangelikalen Kreisen erleben wir das.

Gerade Eltern, die Leitungsfunktion in Kirchen und Gemeinden haben, tendieren dazu, ihren Kindern falsche Verhaltensmaßstäbe zu vermitteln. Unsere jüngste Tochter machte mir das vor Jahren unmissverständlich deutlich, als sie sagte: „Papi, in der Gemeinde bist du viel strenger mit mir als zu Hause." Sie hatte recht, denn im Raum der Gemeinde ging es mir weniger um meine Tochter als darum, dass sie (und damit ich) vor den Augen und Ohren der anderen keinen schlechten Eindruck machte. Auch bei Spannungen zwischen Eltern und Kindern oder Ehepartnern wollen wir auf keinen Fall, dass sie nach außen dringen. So fallen selbst engste Freunde aus allen Wolken, wenn eine Ehe oder Familie zerbricht. Kaum jemand konnte ahnen, wie gefährdet sie war. Von außen betrachtet schien alles in Ordnung zu sein.

Manchmal ist es aber auch einfach die Erwartungshaltung einer christlichen Familie und Verwandtschaft, die Einzelne in eine unehrliche Rolle drängt. Nie vergesse ich den Brief eines Mannes, den ich vor Jahren erhielt. Um dem Erwartungsdruck seiner christlichen Familie zu entsprechen, besuchte er eine christliche Vortragswoche, in der der Redner Menschen zum Bekenntnis für Christus nach vorne rief. Er folgte dem Aufruf, stand auf und ging. Schließlich wusste er, was seine Familie sich wünschte. Die wiederum reagierte überglücklich, drückte und küsste ihn. Daraufhin fand er nicht mehr den Mut, seinen Leuten zu sagen, wie es wirklich um ihn stand. Von da an war seine Rolle festgeschrieben. Er wurde aktives Gemeindemitglied und verantwortlicher Mitarbeiter, ohne innerlich vollzogen zu haben, was er nach außen vorgab. Er spielte seine fromme Rolle, und er spielte sie perfekt. Aber im Innersten war er todunglücklich. Vermutlich sind solche Leute gar nicht so selten unter uns.

Wir alle sind versucht, unechte Rollen zu spielen, wenn unsere fromme Existenz nicht den Erwartungen um uns herum entspricht. Auf keinen Fall wollen wir den Kürzeren ziehen und unter den allgemeinen Level sinken. Folglich flüchten wir uns in eine Bühnenrolle. Was ich nicht bin, muss ich darstellen. Dabei mögen wir es zu perfekten Schauspielern bringen, aber das erfüllte Leben in Christus bleibt uns verschlossen. Weshalb? Weil das Publikum die alles bestimmende Größe ist: Applaudiert es oder pfeift es mich aus? Liege ich gut oder schlecht in seiner Gunst? Nicht der Blick auf Jesus, sondern auf die Leute bestimmt dann mein Leben. Muss ich noch beschreiben, wie anstrengend und was für ein Krampf das ist? Keiner hält das auf Dauer aus. Zurück bleibt meist eine gekünstelte Christlichkeit oder der Ausstieg. Er muss nicht immer öffentlich sein. Es gibt auch eine innere Emigration.

Doch wie finden wir zu einem authentischen Christsein? Lassen Sie mich einige Schritte nennen, die mir persönlich wichtig sind, keine abstrakten Theorien, sondern eine erfahrbare Wirklichkeit. Ich lade Sie ein, dabei sorgfältig zu fragen, was Sie davon selbst betrifft.

Gott ist da

Gott ist gegenwärtig! Wie oft singen wir das. Für fromme Leute eine Selbstverständlichkeit: Gott ist da, jetzt und hier. Muss man darüber noch Worte machen? Aber seien Sie gerade bei Selbstverständlichkeiten auf der Hut. Wir gebrauchen sie oft gedankenlos. Und weil das so ist, werden Sätze des Glaubens und des geistlichen Lebens zu abstrakten Richtigkeiten, die wir zwar nicht wirklich anzweifeln, aber die uns anscheinend auch nichts mehr zu sagen haben. Was meinen wir, wenn wir sagen oder singen: Gott ist gegenwärtig?

Zunächst einmal fallen einigen von uns vermutlich Bibelverse ein: Siehe, ich bin bei euch alle Tage bis an der Welt Ende, sagt Jesus (Matthäus 28,20b), für viele das bekannteste Wort, das uns Gottes Gegenwart zusichert. Jesus hat das offensichtlich nicht nur auf seine damaligen Jünger bezogen. Er sagt: Bis zum Ende der Welt bin ich da, also bis zum Ende aller Tage! Dieser Augenblick ist darin eingeschlossen. Seine Gegenwart ist auch nicht an einen bestimmten Ort gebunden. Wo immer wir sind oder sein werden, ob auf der Erde, auf dem Mond oder auf dem Mars: Gott ist da (Psalm 139,7–12)!

Und auch das ist wichtig: Gottes Gegenwart ist nach dem Sprachgebrauch der Bibel immer seine *aktive* Gegenwart. Als Mose bei seiner Berufung nach dem Namen Gottes fragt, bekommt er zu hören: *Ich werde sein, der ich sein werde* (2. Mose 3,14; Luther). Gemeint ist ein aktiver und energievoller Gott, kein passiver Gegenstand oder abstrakte Formel.

Manche von Ihnen werden jetzt fragen, weshalb das so wichtig ist. Müssen wir uns darüber überhaupt Gedanken machen? Entscheidend ist doch, dass er da ist, ob ich mir das bewusst mache oder nicht. Das klingt einsichtig und sogar fromm, aber ich halte es trotzdem für falsch. Mit dem abstrakten Wissen von Gottes Gegenwart ist noch gar nichts gewonnen, damit kann ich leben, ohne dass es mich berührt. Aber gerade das soll ja anders werden. Zu einem authentischen Leben als Christ gehört, dass ich mit dem lebendigen Gott rechne. Deshalb ist es so wichtig, sich auf seine Gegenwart zu konzentrieren. Worauf ich mich konzentriere, das mache ich zur Mitte meines Interesses.

Erwartungsvolle Stille

Von der Konzentration auf Gott spricht auch der 46. Psalm: *Seid still, und erkennt, dass ich Gott bin* (Vers 11; Luther). Gemeint ist eine erwartungsvolle Stille wie vor einem Konzert Das Stimmen der Instrumente verstummt, der Dirigent hebt den Taktstock, und jeder im Saal weiß: Jetzt beginnt das Orchester zu spielen. Präzise übersetzt steht hier: *Hört auf! Lasst ab!* Mit anderen Worten: Unterbrecht euer routiniertes Tun, legt die Arbeit zur Seite, schaltet eure Unterhaltungsprogramme ab. Der Herr, euer Gott, ist hier!

Der Herr, euer Gott? Nehmen Sie eine Bibelkonkordanz zur Hand und beginnen Sie nachzuschlagen, wer und wie Gott ist. Wer sich nach einer ehrlichen Begegnung mit Gott sehnt, für den ist es gut, Gott anzuschauen. Die Beschreibungen Gottes in der Bibel helfen ihm dabei. Lesen Sie nicht einfach darüber hinweg, meditieren Sie betend Vers für Vers:

- *Herr, du hast Himmel und Erde und Meer geschaffen und alles, was lebt. (Apostelgeschichte 4,24)*
- *Gott allein ist unsterblich, er lebt in unzugänglichem Licht; kein Mensch hat ihn je gesehen, und keiner kann ihn jemals sehen. Ihm gehört Ehre und ewige Macht. (1. Timotheus 6,16)*
- *Herr, deine Güte reicht bis an den Himmel und deine Treue, so weit die Wolken ziehen. (Psalm 36,6)*
- *So fern der Osten vom Westen liegt, so weit entfernt Gott die Schuld von uns. (Psalm 103,12)*

Setzen Sie diese Reihe fort.

Wer also authentisch mit Gott leben will, muss sich seine Gegenwart bewusst machen und ihn anschauen. Sie werden staunen, Ihr Bewusstsein für Gott wird sich verändern.

Lassen Sie mich das an einem Beispiel veranschaulichen: Mit Gottes Größe und Gegenwart ist es wie mit dem Sternenhimmel über uns. Nehmen wir ihn überhaupt noch wahr? Auch ich bin damit aufgewachsen, dass es ihn gibt, mein konkretes Leben hat das kaum berührt. Das wurde anders, als ich vor vielen Jahren ein Buch über das Wunder der Sterne in die Hände bekam. Eine Frau, die den Bücherschrank ihres verstorbenen Mannes aufräumte, schenkte es mir. Seitdem wuchs mein Interesse daran, ich las weitere Bücher über Planeten und Galaxien, der Sternenhimmel wurde geradezu spannend für mich. In klaren Nächten stehe ich nun am Dachfenster unserer Wohnung und schaue fasziniert nach oben. Heute bin ich sogar Besitzer eines Computerprogramms, das mir den Sternenhimmel zu jeder Zeit und an jedem Ort der Erde simulieren kann. Nein, die Sterne haben sich nicht verändert, sie zeigen sich am Himmel wie eh und je. Aber meine Betrachtungsweise der Sterne ist anders geworden, ich nehme sie wahr, staune über sie, bin manchmal geradezu begeistert von ihnen.

Wenn Paulus der Gemeinde in Thessalonich schreibt: *Betet ohne Unterlass* (1. Thessalonicher 5,17; Luther), dann heißt das: Wo immer ihr seid und was immer ihr tut, lebt in dem Bewusstsein seiner Nähe. Seit vielen Jahren reserviere ich mir bestimmte Zeiten, um mich der Gegenwart Gottes besonders auszusetzen. Ich ziehe mich zurück, werde still. Dann lese ich Bibeltexte und Lieder, die Gottes Wesen beschreiben, bete ihn an und höre auf ihn. Manchmal passiert es dann, dass Gott sich in einer Weise offenbart, die mich geradezu ergreift. Es ist kaum zu erklären, ich empfinde eine unbeschreibliche Geborgenheit und Ruhe in seiner Nähe.

Aber das ist nicht immer so. Man darf Gottes Gegenwart nicht mit dem Gefühl seiner Gegenwart gleichsetzen. Das Gefühl seiner Nähe kann auch ein Produkt unserer Vorstellungskraft sein. C.S. Lewis schreibt: „Es ist die *wirkliche* Gegenwart, nicht das Empfinden der Gegenwart des Heiligen Geistes, das Christus in uns hervorbringt. Das Empfinden der Gegenwart ist ein zusätzliches Geschenk, eine Dreingabe, für die wir danken können, wenn wir sie bekommen."

Halten wir also fest: Gott ist da, jetzt und hier. Das zu wissen und damit zu rechnen ist ein erster Schritt zu einem authentischen Leben.

Gott fürchten

Vor wenigen Tagen überreichte mir jemand die Bibel von Otto Schopf. Bisher war sie im Familienbesitz, nun findet sie ihren Platz in unserem Archiv im Wittener Bundeshaus. Otto Schopf war eine prägende Gestalt im Bund Freier evangelischer Gemeinden. Er lebte von 1870 bis 1913, wurde also nur 43 Jahre alt. Er besuchte viele Gemeinden, sprach auf großen Konferenzen, aber vor allem brannte er dafür, Menschen in Berührung mit Jesus Christus zu bringen. Dieses Feuer gab er weiter, auch weit über unseren Gemeindebund hinaus. Nun also hielt ich seine Bibel in der Hand, eine in Leder gebundene Studienausgabe der Lutherbibel. Darin sind viele Randnotizen zu finden, auffällig viele im letzten Buch der Bibel, der Offenbarung. Leider konnte ich seine Handschrift nur schwer entziffern, zumal die Bleistifteintragungen verblasst sind. Aber auf der ersten Seite entdeckte ich den Eintrag einer Bibelstelle, Sprüche 14,26: *Wer den Herrn fürchtet, hat eine sichere Festung, und auch seine Kinder werden beschirmt* (Luther). Das also war für Otto Schopf ein zentrales und – wie ich vermute – sein Leben prägendes Bibelwort.

Für mich ist die Furcht Gottes eng mit meiner Berufung in meine jetzige Tätigkeit verknüpft. Als ich mich mit der Anfrage beschäftigte, Präses des Bundes Freier evangelischer Gemeinden zu werden, zog ich mich für einige Tage mit einem Bibelvers zurück, den ich im Jahresabschlussgottesdienst meiner Heimatgemeinde am 31. Dezember 1990 bekommen hatte: *Keiner wird zuschanden, der auf dich harrt* (Psalm 25,3; Luther). Selbstverständlich beschäftigte mich der gesamte Psalm 25. Betend lief ich am Ostseestrand umher, las den Text und sehnte mich nach einer klaren Führung Gottes. Da stieß ich plötzlich auf Vers 12: *Wer ist der Mann, der den Herrn fürchtet? Er wird ihm den Weg weisen, den er wählen soll* (Luther). Nun war ich gezwungen, sorgfältiger zu fragen, was mit der Furcht Gottes gemeint ist. Schließlich wollte ich ja von Gott wissen, welchen Weg ich zu wählen hatte.

Viele Jahre war ich der Frage nach der Furcht Gottes aus dem Weg gegangen. Sie machte mir Angst. Ich wollte ein *vertrauensvolles* Verhältnis zu Gott haben, es sollte nicht von Furcht und Angst bestimmt sein. Nun begriff ich, dass Gott fürchten heißt: Ich liebe ihn so sehr, dass ich ihn ganz und gar ernst nehme. Gott ist nicht ein guter Kumpel, mit dem ich herumspielen kann. Er ist nicht meinesgleichen, nicht mein Eigentum, sondern ich gehöre ihm, ehre ihn, gehorche ihm. Gott ist Gott! Mensch ist Mensch! Diesen Unterschied hebt auch die vertraute Beziehung nicht auf, die ich zu ihm habe.

Was das mit dem Thema dieses Buches zu tun hat? Nach meiner Erfahrung stimmt es tatsächlich: Je mehr ich Gott fürchte, desto weniger fürchte ich die Menschen. Die Furcht vor Menschen ist mir nicht fremd, ich weiß, wovon ich rede. Leute, die mehr wissen als ich oder die sich mit großer Sicherheit und Selbstverständlichkeit auf den unterschiedlichsten Parketts bewegen, beeindrucken mich. Von Natur aus habe ich dem wenig entgegenzusetzen. Da schützt mich die Furcht Gottes. Gott fürchten heißt doch auch: Ich weihe mich Gott; da ist niemand, der größer und wichtiger wäre. Das verschafft mir einen Schutzraum vor den Mächtigen und Großen dieser Erde, auch vor *meinen* Mächtigen, die versuchen, mein Leben zu beeinflussen oder gar zu bestimmen. Kennen Sie solche Leute, deren Selbstbewusstsein, Dominanz und Stärke Sie unfrei werden lässt? Sind Sie versucht, ihnen nach dem Mund zu reden, Dinge zu sagen und zu tun, die sie eigentlich gar nicht sagen und tun wollen? Vielleicht sollten wir an dieser Stelle den Buchtitel für einige Augenblicke umformulieren: „Wer bin ich, wenn mich *jemand* sieht?" Gemeint sind speziell solche Menschen, deren Auftreten Sie sich nicht gewachsen fühlen. An wen denken Sie? Wovor fürchten Sie sich?

Gottesfurcht befreit von Menschenfurcht! Nein, nicht immer unmittelbar, aber innerhalb eines geistlichen Wachstumsprozesses. Dies ist ein zweiter Schritt zum authentischen Leben.

Süchtig nach Anerkennung?

Spätestens seit Walter Trobischs Buch „Liebe dich selbst" ist auch in christlichen Kreisen ein Bewusstsein dafür gewachsen, wie wichtig für uns Menschen die Selbstannahme ist. Es ist gut 30 Jahre her, dass Trobisch sein Buch veröffentlicht hat, aber das Problem scheint noch immer aktuell zu sein. Christen stehen ja zunächst einmal in der Gefahr, Selbstannahme mit Selbstsucht zu verwechseln. Allein der Titel des Trobisch-Buches war ja für manche schon eine Provokation. Doch Walter Trobisch wollte nichts anderes, als auf das Jesus-Wort hinweisen, der seinen Nachfolgern einschärft: *Liebe deinen Nächsten wie dich selbst* (Matthäus 5,43; Luther).

Selbstannahme und Selbstsucht sind grundverschiedene Dinge. Sie haben nur insofern miteinander zu tun, als echte Selbstannahme die beste Bewahrung vor Selbstsucht ist. Wer sich nicht angenommen hat, läuft seinem Wunschbild nach. Und weil er weiß, dass er diesem Bild nicht entsprechen kann, ist er zutiefst unsicher. Also lautet das Gebot von Jesus nicht: Liebe deinen Nächsten *anstatt* dich selbst, sondern *wie* dich selbst. Ohne eine gesunde Selbstliebe lässt es sich nicht befolgen.

Allerdings sitzt das Problem noch tiefer. Nicht nur, dass wir ohne Selbstannahme den Nächsten nicht lieben können. Leider tun wir meist so, als könnten wir es. Wer wagt es schon, in einer Gemeinde offensichtlich selbstbezogen zu leben und damit zuzugeben, dass er hier ein Problem hat? Schließlich wissen wir, wie wir zu sein haben, was bei anderen Christen ankommt und was nicht. Wir sehnen uns nach Achtung und Wertschätzung. Die ist aber in der Regel nur für den zu haben, der sich entsprechend verhält. Folglich beginnen wir mit Täuschungsmanövern und spielen einander etwas vor, was wir in Wirklichkeit nicht sind. Es kommt zur Diskrepanz zwischen dem, was wir vor den Augen anderer zu sein scheinen, und dem Leben, das wir in Wirklichkeit führen, wenn uns keiner sieht.

Um das zu ändern, müssen wir tiefer ansetzen: Was eigentlich ist das Kernproblem für den, der sich selbst nicht angenommen hat? Weil er kein Ja zu sich findet, betrachtet er sich durch die Brille anderer. Loben sie ihn, kann er nicht genug davon bekommen. Wird er kritisiert, ist er am Boden zerstört. Mit anderen Worten: Ein solcher Mensch lebt davon, von anderen gesehen und beachtet zu werden. Er ist geradezu süchtig nach der Zustimmung seiner Umgebung, er braucht sie wie die Luft zum Atmen.

Man muss nicht viel Fantasie haben, um zu begreifen, dass ein solches Leben zu einem geheuchelten und unechten Lebensstil verführt. Weil ich geliebt werden will, verhalte ich mich so, wie es sich meine Umgebung wünscht. Ich lebe in einer Rolle, mit der ich erhoffe, die gewünschte Bestätigung zu finden. Nicht selten sind es sogar wechselnde Rollen, die ich spielen muss. Selbst die Berufswahl kann davon bestimmt sein. Gerade in pflegerischen Berufen findet man Männer und Frauen, die – so paradox es klingt – ihren Beruf nicht nur aus Nächstenliebe gewählt haben, sondern vor allem, um Anerkennung und Liebe zu erhalten. Fragen wir uns also: Leben wir unser eigenes Leben, oder wollen wir vor allem die Person sein, die sich unsere Umgebung wünscht?

Selbstannahme brutto

Doch wie finden wir den Weg aus dem Gefängnis eines getäuschten und unechten Lebens? Durch Selbstannahme - und zwar brutto. Um zu verstehen, was gemeint ist, muss ich etwas ausholen. Aus der Psychologie wissen wir, dass wir autoerotische Phasen durchlaufen. Das ist natürlicherweise in der Pubertät der Fall. Wir nabeln uns von den Eltern ab, um unseren eigenen Weg zu finden. In dieser Lebensphase sind wir vor allem auf uns selbst fixiert, entdecken unsere Gaben, aber auch unsere Grenzen. Deshalb sind Teenager manchmal so ungenießbar, es kommt zu Machtproben mit Eltern und Geschwistern. Alles wird hinterfragt, auch der christliche Glaube. Teenager müssen eigene Positionen finden, auf eigenen Füßen stehen, um schließlich als eigenständige und echte Persönlichkeiten die Welt zu entdecken.

Aber dabei passiert es gar nicht so selten, dass jemand in seiner narzisstischen Phase stecken bleibt. Gerade unsere moderne Welt verführt uns dazu. Die Werbung legt es darauf an, egozentrische Wünsche zu wecken, sie gaukelt uns fantastische Rollen von Frauen und Männern vor, die vor allem unserer Sucht nach Anerkennung entsprechen. Diese Vorbilder sehen in der Regel gut aus und können fast alles, sie scheinen jeder Situation gewachsen zu sein.

Wer das ständig zu sehen und zu hören bekommt, wird zweifellos davon geprägt. Er wird zunehmend mit sich unzufrieden und ist frustriert. Deshalb ist es so wichtig, sorgfältig darauf zu achten, welche Bilder wir inhalieren. Wählen Sie sorgfältig aus, welche Fernsehprogramme Sie sich ansehen, welche Illustrierte Sie lesen, welche

Internetseiten Sie ansteuern? Was wir immer vor Augen haben, nimmt uns gefangen und prägt uns, ob wir es wollen oder nicht. Unsere wahre Person kann diesen Traumrollen in der Regel nicht standhalten. Wir stoßen auf Begrenzungen, die zunehmend zum Problem werden.

Hinzu kommen unsere Lebensverhältnisse, die auch nicht immer unseren Wünschen und Erwartungen entsprechen. Wie steht es mit meiner Ehe, meinem Ehepartner? Habe ich ihn oder sie mir so vorgestellt? Wie steht's mit meinen Kindern, die mich noch auf Jahre beanspruchen werden? Hindern sie mich an der Erfüllung meiner Lebensträume und bin ich bereit, diese Kosten zu tragen? Oder wenn ich ledig bin und bleibe: Verkrafte ich das?

Nein, es ist nicht immer einfach mit der Selbstannahme und der Annahme meiner Lebensverhältnisse. Sich annehmen setzt ja voraus: Ich glaube, dass Gott mich gewollt und geschaffen hat, und zwar eben brutto, mit allem Drum und Dran. Was immer auch zu meinem Leben gehört: Ich bin kein Zufallsprodukt, sondern sein geliebtes Geschöpf.

Selbstannahme brutto heißt, ich nehme nicht nur an, was mir gefällt, sondern stehe auch zu den unangenehmen Seiten meiner Persönlichkeit und Lebensverhältnisse. Dabei ist es sehr wichtig, ehrlich zu sein. Eine rein formale Selbstannahme hilft uns nicht weiter. Sie führt ja gerade nicht zu der Echtheit, nach der wir uns sehnen. Es bleibt also nur der Weg, mit Gott darüber zu sprechen, vielleicht gemeinsam mit einem Menschen, der unser Vertrauen hat. Erfahrungsgemäß hilft es, sich dabei einiges aufzuschreiben, Gaben und Grenzen, Schönes und Schweres, um es dann bewusst aus den Händen Gottes entgegenzunehmen. Selbstverständlich muss uns das nicht hindern, Visionen zu haben und Pläne zu schmieden; Selbstannahme ist ja nicht eine fatalistische Hinnahme der Verhältnisse. Aber ein Lebenstraum ohne bewusste Annahme der von Gott gegebenen Persönlichkeit und Lebenssituation verführt uns zur Lebensflucht und Lebensflucht ist keine Hilfe. Im Gegenteil, sie lähmt uns und macht süchtig.

Du hast mich geschaffen - meinen Körper und meine Seele, im Leib meiner Mutter hast du mich gebildet. Herr, ich danke dir dafür, dass du mich so wunderbar und einzigartig gemacht hast. Großartig ist alles, was du geschaffen hast - das erkenne ich! So steht es in dem schon zitierten 139. Psalm. Können Sie das Gott sagen, wenn Sie sich anschauen, Ihre Begabungen und Begrenzungen, Ihre Möglichkeiten und Behinderungen? *Herr, ich danke dir, dass du mich wunderbar und einzigartig geschaffen hast* - es braucht viel Vertrauen, so zu beten.

Der schwäbische Dichter Eduard Mörike (1804-1875) schrieb das folgende Gebet - vorsichtig lade ich Sie ein, es nachzusprechen:

Herr, schicke, was Du willst,
ein Liebes oder Leides.
Ich bin vergnügt, dass beides
aus Deinen Händen quillt.

Es ist verständlich, wenn Ihnen ein solches Gebet nur schwer über die Lippen kommt. Der entscheidende Schlüssel ist das Vertrauen, dass Gott es gut mit Ihnen meint. Die Annahme unserer Persönlichkeit - also unseres gesamten Lebens mit allem, was dazugehört - wird so zum dritten Schritt eines authentischen Lebens.

Die Tarnung aufgeben

Wer bin ich, wenn mich keiner sieht? Genau genommen ist dieser Titel nicht korrekt. Einigen von uns ist das vermutlich längst bewusst, vor allem denen, die die Bibel kennen. Einer sieht mich ja immer. Es gibt kein Leben außerhalb von Gottes Blickfeld, selbst wenn ich meine, ich sei ungesehen und allein. Für manchen von uns mag dieser Gedanke beängstigend sein, vor allem für jene, die mit dem Hinweis auf das Auge Gottes erzogen wurden. Wurde uns das in Kindertagen ständig angedroht, werden wir auch als Erwachsene die Angst vor Gott kaum los. Nein, solchen Erziehungsmethoden rede ich nicht das Wort. Väter und Mütter haben kein Recht, Gott als verstärkenden Arm elterlicher Autorität zu missbrauchen.

Aber das hebt die Tatsache nicht auf, dass Gott uns tatsächlich sieht, und zwar anders als die Menschen in meiner Umgebung. Als der Priester Samuel in Bethlehem die Familie Isais aufsucht, um einen neuen König zu salben, ist er begeistert von Eliab, dem ältesten Sohn. Aber Gott weist ihn zurecht: *Lass dich nicht davon beeindrucken, dass er groß und stattlich ist. Er ist nicht der Erwählte. Ich urteile anders als die Menschen. Ein Mensch sieht, was in die Augen fällt; ich aber sehe ins Herz* (1. Samuel 16,7). Und als die Ältesten Israels zu dem Propheten Hesekiel kommen, um Gottes Willen zu erfragen, schaut Gott in ihr verborgenes Leben und sagt seinem Propheten: *Diese Männer öffnen ihr Herz noch immer den Götzen und haben Gefallen an dem, was sie in Schuld verstrickt. Und da soll ich ihnen eine Auskunft erteilen?* (Hesekiel 14,3). Das Bild, das die Öffentlichkeit von uns hat, kann täuschen. Offiziell mögen wir liebevolle Mütter und Väter sein, fürsorgliche Mitarbeiterinnen und Mitarbeiter und hingebungsvolle Christen. Manchmal weiß aber schon die eigene Familie, dass das so nicht stimmt.

Besonders tragisch wird es, wenn wir uns daran gewöhnen, ja, es geradezu darauf anlegen, ein Image zu pflegen, das mit unserer wirklichen Person nicht übereinstimmt. Dann geschieht das, wovor Jesus in der Bergpredigt warnt: *Hütet euch, eure Frömmigkeit vor den Menschen zur Schau zu stellen. Denn dann habt ihr keinen Lohn mehr von eurem Vater im Himmel zu erwarten* (Matthäus 6,1). Jesus durchschaut unser heuchlerisches und gespaltenes Leben. Als sich bei einem Passahfest in Jerusalem viele für ihn begeisterten und an ihn glaubten, vertraute er sich ihnen nicht an, denn er kannte sie alle (Johannes 2,24-25). So schmerzhaft es auch sein mag: Es ist gut zu wissen, dass Gott uns kennt, denn das bewahrt uns vor scheinfrommen Täuschungsmanövern.

Aber selbst wenn wir aufrichtige Leute sind, die es nicht darauf anlegen, nach außen zu scheinen, was sie in Wirklichkeit nicht sind – gelingt uns das denn immer? Bleibt da nicht immer eine Diskrepanz? Wer die Bibel kennt, weiß nur zu gut, dass es auch den Teufel gibt. Er ist der Verführer und Verkläger und beherrscht das meisterhaft. Selbstvorwürfe können deprimierend sein und wenn der Satan sie uns eingibt, liegt er damit meist nicht einmal falsch.

Der Blick hinter den Vorhang

Im Buch Sacharja lesen wir eine merkwürdige Geschichte. Dem Propheten wird ein Blick in die unsichtbare Welt Gottes gewährt. Dort sieht er den Hohepriester Jeschua, das geistliche Oberhaupt seines Volkes. Jeschua steht vor Gott, der Satan verklagt ihn (Sacharja 3,1–7). Da gebietet ein Engel dem Teufel zu schweigen.

Jeschua war eine beeindruckende Persönlichkeit, in der Öffentlichkeit verehrt und hoch geachtet. Gemeinsam mit Serubbabel hatte er das Volk Gottes aus der babylonischen Gefangenschaft nach Jerusalem gebracht. Nun sorgte er dafür, dass man im Jerusalemer Tempel den Brandopferaltar erneuerte und die Gottesdienste wieder aufgenommen wurden. Aber wie sieht dieser Mann aus? Sacharja sieht ihn so, wie ihn wohl noch kein Mensch gesehen hat. Seine Amtstracht ist verschmutzt. Hätte seine Frau ihn so gesehen, hätte sie vermutlich gesagt: So kannst du unmöglich vor die Menschen treten! Aber der Öffentlichkeit, wohl auch seiner Familie, blieb der Schmutz verborgen. Jeschua, der angesehene Hohepriester, wird mit einem brennenden Holzscheit verglichen, fast schon verbrannt und gerade noch gerettet.

Nein, Jeschua ist keine Ausnahme. Menschen sehen, was vor Augen ist, und was sie sehen, mag beeindruckend sein, aber Gott sieht uns anders. Er kennt mein Herz und weiß, wie ich wirklich bin. Wie war es möglich, dass während des Dritten Reiches liebevolle Familienväter gleichzeitig mordende KZ-Aufseher waren? Wie kommt es, dass Journalisten immer wieder fündig werden, wenn es darum geht, Material für Enthüllungsgeschichten prominenter Politiker und Wirtschaftsfachleute zu finden? Wer bin ich, wenn mich keiner sieht? Bin ich vor den Augen der Menschen ein anderer als in jenem verborgenen Raum? David betete: *Durchforsche mich, Gott, sieh mir ins Herz, prüfe meine Wünsche und Gedanken. Und wenn ich in Gefahr bin, mich von dir zu entfernen, dann bring mich zurück auf den Weg zu dir* (Psalm 139,23-24). Auch wenn wir es zunächst anders empfinden: Es ist gut, bei diesem Gott geborgen zu sein, der uns durch und durch kennt und trotzdem liebt!

Bei dem Hohepriester Jeschua passiert etwas Wunderbares, etwas, worauf auch jeder von uns angewiesen ist. Der Herr sagt: *Zieht ihm die schmutzigen Kleider aus,* und weiter: *Ich nehme die Schuld von dir und lasse dich in Festgewänder kleiden* (Vers 5). Nur auf diesem Weg können auch wir echt und ehrlich sein. Ohne Vergebung werden wir zu Heuchlern. Der Apostel Johannes schreibt dazu: *Wenn wir behaupten, ohne Schuld zu sein, betrügen wir uns selbst, und die Wahrheit lebt nicht in uns. Wenn wir aber unsere Verfehlungen eingestehen, können wir damit rechnen, dass Gott treu und gerecht ist: Er wird uns dann unsere Verfehlungen vergeben und uns von aller Schuld reinigen, die wir auf uns geladen haben* (1. Johannes 1,8.9). Das anzunehmen, ist der vierte Schritt.

Entdeckungen in der Einsamkeit

Von klein auf war er in der Wohnung Gottes zu Hause, er kannte das ganze Ritual der Opfer und Gottesdienste. Keiner war näher dran als er, aber die Stimme Gottes hatte er noch nie gehört. Ich spreche von Samuel. Eines Nachts rief Gott seinen Namen. Aber Samuel glaubte, sein Vorgesetzter habe ihn gerufen – deswegen lief er zu Eli.

Das geschah während einer Zeit, in der die Menschen kaum noch Gottes Stimme vernahmen. Selbst der erfahrene Priester Eli brauchte lange, bis er begriff, wer den jungen Samuel rief. Die Geschichte ist lange her, das 1. Buch Samuel berichtet darüber (3,1–10), aber die Sache selbst scheint nach wie vor aktuell zu sein.

Christen wissen, dass Gott redet, zumindest sprechen sie oft davon. Aber um ehrlich zu sein: Wir müssen sorgfältig fragen, was das eigentlich heißt. Bei Samuel wird deutlich, dass man Gottes Stimme durchaus mit anderen Stimmen verwechseln kann. Gott spricht in der Regel nicht so spektakulär, wie sich das mancher vorstellt. Zuallererst spricht er durch die Bibel. Aber auch sie ist manchmal merkwürdig stumm. Gerade wer berufsmäßig mit ihr zu tun hat, steht in der Gefahr, für das unmittelbare Reden Gottes taub zu sein.

Nach meiner Erfahrung lässt sich das Hören auf Gott am besten in der Stille trainieren. Auch darin ist uns Jesus ein Vorbild. In den drei Jahren seines öffentlichen Lebens verbrachte er oft den frühen Morgen oder eine ganze Nacht im Hören auf Gott (Markus 1,35; Markus 6,46; Lukas 6,2 u.v.a.). Jesus sagte einmal: *Der Sohn kann nichts von sich aus tun. Was der Vater tut, das tut in gleicher Weise der Sohn* (Johannes 5,19). Ich denke, Jesus schaute sich in der Stille den Vater an. Er prägte sich das Bild seines Vaters genau ein. Er hörte darauf, was sein Vater im Himmel ihm sagte. Sicher hörte er ihn auch durch die Worte der hebräischen Bibel, unseres Alten Testamentes. Die vielen Schriftzitate, die Jesus gebrauchte, lassen darauf schließen. So nahm Jesus auf, was er zu tun und zu sagen hatte.

Nein, wir sind nicht Jesus, er ist der Sohn Gottes und steht in einer unvergleichlichen Beziehung zu seinem Vater im Himmel. Und doch ist Jesus unser Vorbild. Nirgendwo können wir so viel über die persönliche Gemeinschaft mit dem Vater im Himmel lernen wie bei ihm.

Während ich diese Sätze schreibe, fällt mein Blick auf einen Kalender über dem Bildschirm meines Computers. Unsere Enkel haben ihn mir geschenkt, selbst gemacht, mit Fotos und kurzen Texten. Auf dem Foto ist mein Schwiegersohn zu sehen, er liegt auf der Couch und auf ihm der zweijährige Niklas. Niklas schmust mit seinem Vater, hält sich an ihm fest, darunter ist zu lesen: „Mein Papa!" Gott ist liebevoller als die besten Väter (Matthäus 7,13). Glauben Sie ernsthaft, wir könnten ihm zu nahe kommen und er würde uns von sich stoßen, wenn wir ihn aufsuchen und umarmen? Unser Vater im Himmel wartet darauf.

Wir Christen stehen in der Gefahr, aus der Begegnung mit Gott ein System zu machen. „Stille Zeit" nennen wir dieses Unternehmen dann und haben ein schlechtes Gewissen, wenn uns das nicht richtig gelingt. Aber Gott liebt uns, er sucht unsere Gemeinschaft und freut sich, wenn wir ihm sagen, wie viel er uns bedeutet. Es tut gut, ihm auch außerhalb des Tagesbetriebs zu begegnen, so wie Jesus damals vor Tagesanbruch oder während einer ganzen Nacht. Wenn wir in der Stille mit der Stimme des Vaters vertraut werden, können wir sie auch eher im Gewirr alltäglicher Stimmen vernehmen.

Um persönliche Stille zu finden, wandere ich am liebsten durch eine weite Landschaft und lese aus meiner kleinen Taschenbibel einen Abschnitt, Satz für Satz. Sorgfältig höre ich darauf, spreche mit dem Vater im Himmel darüber oder mit Jesus, seinem Sohn. Ich antworte, stelle ihm Fragen, sage ihm, was mich dabei freut oder traurig macht. Dabei erlebe ich dann oft, wie Gottes Geist beginnt, mir das Wort Gottes zu öffnen. Ich erkenne Zusammenhänge, werde getröstet, ermutigt oder in liebevoller Weise von ihm korrigiert. Manchmal verbinden sich auch Bibelworte mit der Landschaft oder den Menschen um mich herum. In den Psalmen lese ich vom Himmel und den Wolken und genieße es, das alles unmittelbar vor mir zu sehen. Dann danke ich ihm dafür, dass er die Welt so großartig geschaffen hat und dass er es so gut mit mir meint.

Hin und wieder begegnen mir Menschen, denen das persönliche Gespräch mit Gott fremd ist, die der Meinung sind, bei einer so persönlichen Gottesbeziehung handele es sich eher um eine pietistisch-evangelikale Spielart des Christentums. Aber das ist meines Erachtens falsch. Glaube, wenn es wirklich biblischer Glaube ist, kann nur in einer persönlichen Beziehung gelebt werden. So haben die Autoren der alttestamentlichen Psalmen mit Gott gesprochen, so sehen wir es bei Jesus und den Aposteln. Oswald Chambers schreibt: „Die Wurzel des Glaubens ist das Kennen einer Person."[3] Nirgendwo in der Bibel begegnet uns Gott als unpersönliche Kraft, als eine undefinierbare Energie oder als distanzierte Allmacht. Die Männer und Frauen der Bibel weinten und lachten mit ihm, sie sprachen mit ihm über ihre Begeisterung, aber auch über ihre Zweifel. Und glauben Sie ernsthaft, dass der, der uns als einzigartige Person geschaffen hat, nicht in der Lage sei, uns ganz persönlich zu begegnen und zu uns zu reden? Nein, wir müssen uns Gott nicht als abstrakte Größe denken. Wer meint, es sei naiv, an einen persönlichen Gott zu glauben, der wird in der Bibel eines Besseren belehrt.

Zwischen Arbeit und Stille

Nun muss man aber offen sagen, dass mit der persönlichen Stille vor Gott noch nicht alles gewonnen ist. Normales Leben besteht eben nicht nur aus Stille, sondern ebenso aus Arbeit, Hektik und nervöser Anspannung. All das füllt unseren Alltag. Da kann es schnell passieren, dass die persönliche Stille zur frommen Insel wird, die mit dem schroffen Festland unseres Lebens keinerlei Berührung hat.

Es gibt Hilfen, um vom Hören in der Stille zum Gehorchen im Alltag zu kommen: wenn wir uns zum Beispiel in der Stille Sätze aufschreiben, die es zu leben gilt. Auch ein Tagebuch kann helfen, sich selbst zu prüfen, ob gelungen ist, was wir uns vorgenommen haben, und was wir noch besser machen müssen, damit es gelingt. Es kann eine Hilfe sein, Bibelworte auf Haftzettel zu schreiben und sie auf Arbeitsflächen zu platzieren, damit wir sie während der Arbeit vor

3 Oswald Chambers: Mein Äußerstes für sein Höchstes. Hänssler Verlag, Holzgerlingen 2004

Augen haben. So wichtig das persönliche Hören auf Gott auch ist, ob wir authentische, praktizierende und damit ernstzunehmende Christen sind, entscheidet sich daran, wie wir leben und was wir tun.

Sehen wir noch einmal auf Jesus. Als er aus der Stille mit seinem Vater im Himmel kam, fand ihn Petrus und sagte vorwurfsvoll: *Alle suchen dich* (Markus 1,35–37). Und Jesus? Spurtet er los, um die Erwartungen der Menschen und seiner Jünger zu erfüllen? Er sagt: *Kommt, wir wollen jetzt weitergehen.* So können nur Leute sprechen, die aus der Stille mit dem Vater im Himmel kommen. Stille bedeutete für Jesus: den Willen Gottes erkennen und ihn dann tun. Davon lebte er buchstäblich. Seinen Jüngern sagte er: *Meine Nahrung ist, dass ich dem gehorche, der mich gesandt hat und sein Werk vollende* (Johannes 4,34). Auch unsere höchste Berufung ist es, Gottes Willen zu tun. Nirgendwo sonst werden wir so authentisch sein wie hier. Das ist der fünfte Schritt.

Christsein hat Öffentlichkeitscharakter

Ich weiß nicht, wer diesen Satz zuerst gesagt hat, aber ich bin mit ihm aufgewachsen. Immer wieder wurde er mir eingeprägt. Und er stimmt. Ein Christ gehört in die Öffentlichkeit, geistliche Erfahrungen sind keine geheime Verschlusssache. Man muss sich ihrer nicht schämen. Die Männer und Frauen der Bibel haben über ihr Leben mit Jesus geredet. Nur deshalb wissen wir davon. Lukas schrieb seine zwei Bände (das Lukas-Evangelium und die Apostelgeschichte) aufgrund vieler Zeugenaussagen. Offen sprachen diese Männer und Frauen über ihre persönlichen Erfahrungen mit Gott. Sie filterten dabei nicht aus, was weniger gut war. Die vielen Berichte über persönliche Schuld und Niederlagen stehen nur deshalb in der Bibel, weil Menschen den Mut hatten, darüber zu sprechen.

Was das mit authentischem Leben, Echtheit und Ehrlichkeit zu tun hat? Wenn geistliche Wachstumsprozesse verborgen bleiben und wir es nicht wagen, sie anderen mitzuteilen, fördern wir damit ein gespaltenes und oft widersprüchliches Leben. Das Verborgene verselbständigt sich und verliert mehr und mehr den Bezug zum normalen Leben. Irgendwann bringen wir dann die verschiedenen Ebenen unseres Lebens nicht mehr in Übereinstimmung miteinander. Ist es nicht merkwürdig, dass Jesus den Zachäus vor den Augen aller von seinem Baum holt, um in sein Haus einzukehren? Hätte es nicht auch einen dezenteren Weg der Begegnung gegeben? Jesus hätte doch erst einmal vorübergehen können, ohne die Aufmerksamkeit aller auf den Mann zu lenken, der sich da oben im dichten Blätterwerk des Maulbeerbaumes verbarg. Später, wenn der Menschenpulk sich aufgelöst hätte, wäre es immer noch früh genug gewesen, Zachäus zu rufen und ihn zu besuchen. Aber Jesus fordert ihn in aller Öffentlichkeit auf, sich zu ihm zu bekennen. Dieser öffentliche Schritt aus dem Versteck hin zu Jesus bewahrte Zachäus vor der Diskrepanz zwischen verborgenem und öffentlichem Leben. Nun war er festgelegt. Alle wussten es: Er nahm Jesus auf. Selbst die Konsequenzen blieben nicht verborgen: *Die Hälfte meines Vermögens gebe ich den Armen, und wo ich betrogen habe, gebe ich viermal so viel zurück* (Lukas 19,8).

Und das gilt nicht nur für den Beginn des Glaubens. Wenn langjährige Christen anfangen, ihr inneres Leben vor den Augen anderer sichtbar werden zu lassen, kommt fast immer etwas in Bewegung. Es wachsen Nähe, Vertrautheit und Anteilnahme in der Gemeinde, die geistliche Aufbrüche erwarten lassen. Damit plädiere ich nicht für eine geschickt manipulierte Offenheit. Ehrlichkeit, die zum strategischen Kniff wird, ist keine Ehrlichkeit. Es geht hier auch nicht um klug eingefädelte gruppendynamische Prozesse. Aber geistliche Erfahrungen mitzuteilen ist ein Wesensmerkmal christlicher Gemeinschaft im Licht (1. Johannes 1,7). Offenheit hilft, aus einer Ansammlung klug agierender Schauspieler eine erfahrbare Gemeinschaft von Brüdern und Schwestern werden zu lassen. Christen wissen: Wir sind beschenkte Bettler. Solche Leute haben keinen Grund mehr, sich gegenseitig etwas vorzuspielen. Sie wissen: Gottes Gnade genügt.

Aller Anfang ist schwer

Nun ist das alles leicht gesagt und noch leichter geschrieben. Bibelworte von der Gnade Gottes gehören zu unserem Lieblingsrepertoire. Wir zitieren sie gerne. Auch einprägsame Lieder gehören dazu. Aber das gemeinsame Leben auf der Basis der Gnade birgt Risiken. Immerhin erfordert es Mut, die eigenen Pleiten und Pannen nicht zu verschweigen. Seltsam, wo wir doch betonen, allein aus Gnade gerecht geworden zu sein. Wie kommt es zu dieser Widersprüchlichkeit?

Je länger Christen Christen sind, desto größer ist die Gefahr, dass sich mit ihrem moralischen Gutsein eine Wertskala verknüpft, auf der sie verständlicherweise nicht schlecht abschneiden wollen. Wenn wir nichts Beeindruckendes mitzuteilen haben, halten wir uns gerne zurück. Wir reden allgemein über Bibeltexte oder weichen auf theologische Sachdiskussionen aus. Wir finden sogar eine fromme Begründung dafür: Allein das „Wort" soll zur Sprache kommen und nicht das eigene Leben. Das klingt gut und ist in diesem Zusammenhang doch falsch. In der Bibel kommt zur Sprache, wie Menschen Gott verlassen haben, zu ihm zurückkehrten und seine Gnade und Kraft in Anspruch nahmen. Woher nehmen wir das Recht zu sagen, dass das eigene Leben in Gottesdiensten und Bibelstunden auszuklammern sei? Es ist zwar richtig, dass Hausbibelkreise zu Plauderstunden entarten können, in denen mehr vom Menschen als von Gott die Rede ist, aber die richtige Antwort darauf lautet nicht: Wir lesen die Bibel unter Ausschluss des persönlichen Lebens. Wir können uns gegenseitig helfen, wenn wir bereit sind, unser Leben voreinander zu öffnen und unsere Erfahrungen miteinander zu teilen. Dazu gehört allerdings Ehrlichkeit, die unsere Schattenseiten nicht verschweigt. Selbstverständlich gibt es da auch Grenzen, vor allem, wenn andere betroffen sind. Aber was für ein Segen ist es, wenn alte und junge Christen ihre Ängste verlieren, ehrlich miteinander reden und beten! Dann kommt die Gnade Gottes unter uns zur Sprache. Nein, die Gesunden brauchen keinen Arzt, und auch den vermeintlich Gesunden ist nicht zu helfen. Aber eine Gemeinschaft von Kranken, die sich gegenseitig gesteht, wie sehr sie den Arzt braucht, hat beste Voraussetzungen, geheilt zu werden (Matthäus 9,12).

Authentisch leben, aber wie? Fassen wir es zusammen:

1. Ich will in dem Bewusstsein leben: Gott ist hier, aktiv, jetzt und immer.
2. Ich will ihn lieben, ehren und anbeten; diese Gottesfurcht nimmt mir die Furcht vor den Menschen.
3. Ich will mich mit meinen Gaben und Grenzen, Stärken und Schwächen annehmen und aufhören, die mir unangenehmen Teile meiner Persönlichkeit und Lebensverhältnisse zu verdrängen.
4. Ich will den andern (und mir selbst) nicht mehr vorspielen, was ich nicht bin, und lasse mir vergeben, wo ich Schuld auf mich geladen habe.
5. Ich will mir für das Hören auf die Stimme Gottes Zeit nehmen und mein Leben nach dem Gehörten ausrichten.
6. Ich will auf die Übereinstimmung meines öffentlichen und verborgenen Lebens achten, offiziell will ich kein(e) andere(r) sein als im privaten Bereich meines Lebens.

Es wird gut sein, diese sechs Bitten mit dem zu besprechen, der der Schöpfer unseres Lebens ist. Nur in der Bindung an ihn haben wir die Chance, aus diesem Vorhaben Realität werden zu lassen.

Ich weiß, das alles ist nicht neu. Aber genau da sitzt das Problem. Wir wissen das alles, aber leben wir es? Auf meinen Reisen befahre ich oft eine Autobahnstrecke, die ich sehr gut kenne, manchmal langweilt sie mich geradezu. Ich versuche, sie mit Musik- oder Vortragskassetten zu überbrücken oder indem ich auf mein Diktiergerät spreche und so Gedanken festhalte, Probleme durchdenke, Fragen beantworte. Aber vor einigen Wochen hatte ich einen Beifahrer dabei. Er kannte die Strecke nicht und war begeistert. Ein wunderschöner Sonnentag ging zu Ende, und der Glanz der Abendsonne lag auf der Landschaft. Seine Begeisterung sprang auch auf mich über und ich betrachtete die Gegend mit neuen Augen. Offen gesagt, ich nahm Dinge wahr, die ich vorher nie gesehen hatte, obwohl sie schon immer vorhanden waren. Vermutlich ist es das, was wir für die vertrauten Gefilde unserer geistlichen Landschaft brauchen: offene Augen, Staunen über Gottes Gnade, das Entdecken seiner persönlichen Geschichte mit uns.

Aber das eigentliche Geheimnis des authentischen Lebens mit Christus sitzt noch tiefer. Letztlich bleibt es über methodische Schritte unerreichbar. Es erschließt sich am ehesten mit leeren Händen, die wir Gott entgegenstrecken. Es ist das Eingeständnis der Hilflosigkeit, auf das der Vater im Himmel wartet. Vor einigen Wochen bekam ich einen Brief von einem langjährigen Christen und Mitarbeiter. Ihm ging es in den letzten Monaten nicht gut und sein Arzt hatte ihn zur Kur geschickt. Dort kam er zur Ruhe und damit auch zum Beten. Der Prozess war schmerzhaft, aber dann passierte etwas Unbeschreibliches. Er, der erfahrene und routinierte Mitarbeiter, entdeckte die Liebe und Gnade Gottes, wie er sie noch nie entdeckt und erfahren hat. Die ihm seit vielen Jahren vertrauten Glaubenssätze begannen zu leben. Eine Landschaft, die er bisher nur auf der Karte kannte, sah er nun mit eigenen Augen. Als ich ihn traf, strahlte er mich an, und ich begriff: Bei ihm ist alles anders geworden.

Nein, machbar ist das nicht. Aber wie sagt Jesus? *Bittet, und ihr werdet bekommen! Sucht, und ihr werdet finden! Klopft an, und es wird euch geöffnet! Denn wer bittet, der bekommt; wer sucht, der findet; und wer anklopft, dem wird geöffnet. Wer von euch würde seinem Kind einen Stein geben, wenn es um ein Brot bittet? Oder eine Schlange, wenn es um Fisch bittet? So schlecht ihr auch seid, ihr wisst doch, was euren Kindern gut tut, und gebt es ihnen. Wie viel mehr wird euer Vater im Himmel denen Gutes geben, die ihn darum bitten* (Matthäus 7,7–11).

Wenn der Glaube auf der Strecke bleibt

Vom Segen und Fluch einer christlichen Erziehung

Du kennst seit deiner Kindheit die heilige Schrift, schreibt Paulus an Timotheus (2. Timotheus 3,15). Offensichtlich hält er das für ein besonderes Plus. Und das ist es auch. Bevor ich auf die Probleme mit Echtheit und Ehrlichkeit im familiären Bereich zu sprechen komme, will ich ausdrücklich sagen: Es ist eine Gnade, Väter und Mütter zu haben, die überzeugte Christen sind.

Aber in Verbindung mit unserem Thema habe ich hin und wieder den Eindruck, eine christliche Familiengeschichte kann auch ein Minus sein, und es gehört zur Thematik dieses Buches, das nicht zu verschweigen. Einige Leserinnen und Leser wird das nicht betreffen, dann überspringen Sie dieses Kapitel einfach. Aber manchmal beginnt die Problematik schon mit der Unsicherheit, ob der christliche Glaube, mit dem man aufgewachsen ist, überhaupt echt ist und ein Leben lang hält. Meine Biografie hat auch so begonnen, deshalb will ich zunächst von mir erzählen.

Wie oft muss man sich bekehren?

Meine Eltern waren Christen. Sie glaubten an Jesus und lebten mit ihm. Auch bei ihren Eltern war das schon so. Als sie heirateten, hatten sie den großen Wunsch, dass auch ihre Kinder einmal als bewusste Christen leben, und in diesem Sinne haben sie uns erzogen. So wuchsen meine Geschwister und ich in einem von der Liebe Gottes geprägten Klima auf. Da war zwar nicht alles Gold, was glänzt, aber trotzdem: Unsere Eltern klopften keine frommen Sprüche. Sie lebten ihren Glauben, und wo nicht, standen sie dazu. Ihr Leben entsprach dem Lieblingswort des verstorbenen Bundespräsidenten Johannes Rau: „Man muss sagen, was man tut, und tun, was man sagt."[4]

Ich bin der Älteste von vier Geschwistern und wurde schon früh zu evangelistischen Veranstaltungen und Bibelwochen mitgenommen. Erstaunlicherweise habe ich mich dort nicht gelangweilt. Meist hörte ich den Rednern gerne zu. Wenn sie darüber predigten, dass Menschen ohne Jesus Christus verloren sind, war ich ganz bei der Sache. Manche konnten dabei in ihren Schilderungen sehr drastisch werden. Was mich betraf, war ich in keiner Weise beunruhigt. Ich betrachtete mich als einen Menschen, der zur Familie Gottes gehört. Wenn in diesen Veranstaltungen jemand der Einladung zum Glauben folgte, freute ich mich, ohne daran zu denken, dass das vielleicht auch mich betreffen könnte.

Ich war noch ein Kind, als ich an einer Freizeit teilnahm, die mein Vater leitete. Sie fand auf dem Wartenberg statt, nicht unweit unseres heutigen Wohnortes. Während dieser Freizeit ging der Heimleiter mit uns in den Wald. Er zeigte uns einen Baum, der inmitten grüner Bäume stand. Damals waren die Wälder noch nicht so krank wie heute, aber dieser Baum war offensichtlich tot. Die Rinde, so weit er sie nicht schon verloren hatte, hing in vertrockneten Strähnen an seinem Stamm herunter. Der Heimleiter sah uns an und sagte: So wie dieser Baum sind auch manche Menschen. Sie leben in einer christlichen Gruppe, sind mit echten Christen zusammen, aber ihr Leben ist unecht. Sie nennen sich Christen, aber sie sind es nicht. Sie sind tot wie dieser Baum.

So weit ich mich erinnere, wurde damals meine Frömmigkeit zum ersten Mal ernsthaft in Frage gestellt. Während dieser Freizeit wurde mein Cousin Christ. Wir waren enge Freunde. Da er bis dahin nicht

4 Nikolaus Schneider: ... weil ich gehalten werde. Johannes Rau – Politiker und Christ. Hänssler Verlag, Holzgerlingen 2005

anders gelebt hatte als ich, verunsicherte mich sein Entschluss. Wenn er sich bekehren musste, musste ich es dann nicht auch? Später, nach einem abendlichen Gespräch mit meiner Mutter, habe ich dann allein im Schlafzimmer mein Leben Jesus Christus anvertraut. Das war ganz und gar unspektakulär. Ich habe ihm einfach gesagt, dass ich von nun an mit ihm leben will. An Einzelheiten kann ich mich nicht mehr erinnern.

Als ich Teenager war, evangelisierten in meiner Heimatstadt Wuppertal amerikanische Christen. Sie brachten einfache Lieder mit, die ich mit großer Begeisterung sang. Vor allem sprachen sie in einer Eindeutigkeit von Jesus Christus und der Entscheidung für ihn, wie ich das vorher nicht gehört hatte. Immer wieder betonten sie die Notwendigkeit einer eindeutigen Lebensübergabe an Jesus. Ich erinnere mich, dass mir damals im Blick auf meine frühe Bekehrung erste Zweifel kamen. Hatte ich als Kind überhaupt begriffen, worauf es ankam? Während dieser Evangelisation habe ich Jesus Christus erneut gebeten, mich doch so, wie ich bin, anzunehmen. Ich wollte ihm gehören und ein Leben nach seinem Willen führen. Das sagte ich ihm auch. War dies nun meine eigentliche Bekehrung? Wann bin ich Christ geworden – als Kind oder Teenager? Ich erzähle davon, weil mir diese Fragen auch in Gesprächen mit Leuten begegnen, die wie ich in einer christlichen Familie aufgewachsen sind.

1983, auf einem Treffen mit 4000 jungen Leuten in Koblenz, sprach ein Redner sehr eindrücklich über die Notwendigkeit der Bekehrung. Nach meinem Verständnis legte er zu detailliert fest, wie eine Bekehrung zu geschehen hat. Ich war mit für das Treffen verantwortlich und traf hinterher eine Reihe von Teilnehmern und Teilnehmerinnen, die sich nach dieser Predigt nicht mehr sicher waren, ob sie echte Christen sind. Typischerweise traf es vor allem solche, die aus christlichen Häusern kamen. Für einige war die Verunsicherung gut, ihnen fehlte tatsächlich der entscheidende Schritt. Aber es gab andere, die schon zum Glauben gekommen waren, aber eben nicht mit der Tiefe, Gründlichkeit und unter den Begleitumständen, wie in der besagten Predigt beschrieben. Musste die Bekehrung jetzt wiederholt werden, tiefer, echter, ehrlicher? Ich kenne Leute, die hier immer wieder unsicher sind und sich viele Male bekehren.

Wann ist eine Bekehrung echt?

Es liegt auf der Hand, dass gerade Christen, die aus einer frommen Tradition kommen, sich mit dieser Frage beschäftigen. Zum einen hängt das damit zusammen, dass ihre Bekehrung nicht einen so offensichtlichen Kontrast bildet wie die Bekehrung vieler anderer Menschen. Sie lebten ja schon vorher in christlichen Verhältnissen und beneiden manchmal andere, die dramatische Bekehrungsgeschichten erzählen können. Zum anderen hat das aber auch mit der beschriebenen Kinderbekehrung zu tun. Ein Kind erlebt die Bekehrung anders als ein Erwachsener. Bei ihm geschieht die Lebensübergabe oft aus einem kindlichem Vertrauen heraus, weniger aus einem tiefen Sündenbewusstsein. Ist eine solche Bekehrung weniger wert? Nein, es hängt nicht von der Tiefe unserer Erkenntnis ab, ob unsere Bekehrung echt ist. Sobald jemand das Evangelium versteht und begreift, dass es ihn betrifft, ist er auch alt genug, sich zu bekehren. Es kann sogar noch einfacher zugehen: Jemand ist von der Liebe Gottes so angerührt, dass er sie für sich persönlich in Anspruch nimmt; die Erkenntnis der eigenen Schuld und Verlorenheit folgt manchmal erst später. Ich plädiere nicht für einen diffusen Anfang des neuen Lebens. Es ist wichtig und auch für uns selbst eine Hilfe, wenn eine solche Umkehr zu Jesus Christus bewusst geschieht, am besten mit einem Zeugen, dem wir vertrauen. Aber die vielen Bekehrungsgeschichten im Neuen Testament zeigen uns, dass es hier keine Schablone gibt, keine verbindliche Rahmengestaltung, auch keine To-do-Liste, die abzuarbeiten wäre. Das Vertrauen auf Jesus allein genügt. Paulus schreibt: *Nachdem wir nun aufgrund des Glaubens bei Gott angenommen sind, haben wir Frieden mit Gott* (Römer 5,1).

Wenn Sie mich also fragen, wann ich zum Glauben gekommen

und Christ geworden bin, dann sage ich: damals als Kind, nach dem Gespräch mit meiner Mutter. Das ändert nichts daran, dass meine spätere Lebensentscheidung richtig und notwendig war. Auch danach gab es noch ähnliche Einschnitte in meinem Leben und ich schließe nicht aus, dass es sie auch in Zukunft geben wird. Aber ein echter Christ bin ich nur einmal geworden, damals als Kind, als ich mein Leben zum ersten Mal für Jesus Christus öffnete. Johannes schreibt: *Aber allen, die ihn aufnahmen und ihm Glauben schenkten, verlieh er das Recht, Kinder Gottes zu werden* (Johannes 1,12).

Gott hat uns zuerst geliebt

Manchmal greift die Unsicherheit noch tiefer. Für Evangelikale ist unbestreitbar, dass die Bekehrung wichtig ist. Aber die Basis unseres Glaubens ist sie nicht. Der Glaube gründet sich auf Jesus Christus, auf nichts sonst (1.Korinther 3,11). Nach meiner Erfahrung sitzt genau hier oft die Ursache des Zweifels, gerade bei Menschen, die aus pietistischen Elternhäusern kommen. Um es unmissverständlich zu sagen: Alles beginnt damit, dass Gott in Jesus Christus sein Ja zu uns sagt, erst danach folgt unser persönliches Ja des Glaubens, und nicht umgekehrt.

Vor vielen Jahren lernte ich eine missionarische Aktion in Kalifornien kennen, sie lief unter dem Slogan: *I found it*. Als ich später davon in Deutschland berichtete, sprach mich auf einer Veranstaltung ein Pfarrer an und kritisierte diesen Satz: „Ist es nicht gerade umgekehrt?", meinte er. „Nicht Sie haben Gott, sondern er hat Sie gefunden." Nun lässt sich darüber streiten, ob der Slogan nicht trotzdem ein guter Aufhänger war, um mit Menschen über den Glauben zu reden. (In Deutschland lief die Aktion später mit dem Slogan: *Ich hab's!*) Aber es ist richtig: Gott hat uns zuerst geliebt, nicht wir ihn. Hätte er sich nicht zuerst auf den Weg zu uns gemacht, hätten wir ihn nicht gefunden. Das hat Konsequenzen: Hat unser Glaube in unserer Umkehr zu Gott seinen Grund, so gründet er sich letztlich auf uns. Geraten wir dann ins Schwanken, so schwankt auch unser Glaube. Gründet er sich aber auf Jesus Christus, dann kann kommen, was will: Wir bleiben sicher und geborgen. „Ich halte, weil ich gehalten werde", antwortete Johannes Rau auf die Frage eines Reporters der F.A.Z. nach seinem Lebensmotto. So ist es. *Er wird euch auch helfen, bis zum Ende fest auf diesem Grund zu stehen* (1. Korinther 1,8a), schreibt Paulus.

Damit rede ich allerdings nicht denen das Wort, die die persönliche Glaubensentscheidung für unwichtig halten. Der Beginn des Lebens mit Jesus Christus ist mit einem Geschenk vergleichbar. Wenn ich das Geschenk nicht haben will, dann erhalte ich es auch nicht. Insofern ist es wichtig, das Geschenk überhaupt erst einmal anzunehmen. Aber wirklich entscheidend sind der Geber und seine Gabe. Und was bekommen wir, wenn wir das Geschenk Gottes an uns auspacken?

Wir entdecken,

- dass Gott uns immer schon geliebt hat und uns aus lauter Güte zu sich zieht (Jeremia 31,3);
- dass er uns seinen Heiligen Geist gegeben hat (Apostelgeschichte 2,38), der in uns wohnt und unser Leben umgestaltet (2. Korinther 6,16);
- dass Jesus Christus in jeder Sekunde bei uns ist (Matthäus 28,20);
- dass uns nichts seiner Hand entreißen kann (Johannes 10,28).

Aber das ist noch längst nicht alles, vielleicht sind wir immer noch mit dem Auspacken beschäftigt. Nun frage ich Sie: Wer wird sich angesichts eines solchen Geschenkes noch mit den Begleitumständen der Übergabe aufhalten? Darauf kommt es doch jetzt nicht mehr an. Wir sind reich beschenkt, das zählt.

Fazit: Es gibt keinen Grund, unsicher zu sein und uns mit der Frage nach der Echtheit unseres Glaubens zu quälen. Das Drum und

Dran einer Bekehrung ist nicht wichtig, denn das ist so unterschiedlich, wie wir Menschen verschieden sind. Auch auf die Tiefe, Gründlichkeit und umfassende Erkenntnis (was immer das ist) bei unserer Bekehrung kommt es nicht an. Jesus spricht: *Ich bin die Auferstehung und das Leben. Wer mich annimmt, wird leben, auch wenn er stirbt, und wer lebt und sich auf mich verlässt, wird niemals sterben* (Johannes 11,25). Das allein genügt.

Übergestülpter Glaube?

„Mein Glaube an Jesus Christus kommt mir manchmal wie ein zu großer Hut vor. Ich habe den Eindruck, mein Glaube ist gar nicht mein Glaube. Ein anderer hat ihn mir übergestülpt." Ich treffe öfter Leute, die mir das so oder ähnlich sagen. Die Folgen liegen auf der Hand: Wie soll ich authentisch einen Glauben leben, von dem ich empfinde, dass er nicht mein eigener ist? Wie entsteht überhaupt ein solches Problem?

Falls Ihre Eltern Christen sind, liegt es durchaus nahe, dass Sie ihnen zuliebe begonnen haben, an Gott zu glauben. Das ist nicht überraschend. Ist die Beziehung zu Ihren Eltern gut, dann wissen Sie als Sohn oder Tochter selbstverständlich, was sie sich wünschen. Auch meine Frau und ich hatten den Wunsch, dass unsere Kinder Christen werden. Inzwischen wünschen wir uns das für unsere Enkel und beten dafür.

Selbstverständlich geschieht das nicht ohne Einflussnahme. Wir beten mit ihnen, erzählen ihnen von Jesus, sie hören zu und spüren, wie viel er uns bedeutet. „Wenn dein Kind dich morgen fragen wird" (5. Mose 6,20), lautete das Thema des Kirchentags 2005 in Hannover. Eltern sollen die Fragen ihrer Kinder nach Gott ehrlich beantworten. Sie sollen von den Erfahrungen erzählen, die sie mit ihm gemacht haben, von schweren Zeiten, aber auch von den guten.

Aber es gibt nicht nur einen übergestülpten Glauben, auch der Unglaube kann übergestülpt und damit fremdbestimmt sein. Kinder sind hervorragende Beobachter, sie finden schnell heraus, was authentisch und was nur aufgesetzt ist. Manche verweigern sich einem Leben als Christ, nur weil ihre Eltern Christen sind. Sie wollen auf keinen Fall so werden wie sie. Das ist besonders dann der Fall, wenn Eltern Druck auf ihre Kinder ausgeübt haben oder den Kindern ihr Christsein nicht anziehend erschien. „In meiner Gemeinde gibt es niemanden, der in mir die Sehnsucht weckt, so wie er sein zu wollen“, sagte mir vor Jahren ein junger Mann. Das ist tragisch.

Es mag also sein, dass unsere Eltern an unserem Glauben oder Unglauben wesentlich beteiligt waren und dass uns im Nachhinein manches daran übernommen und sogar übergestülpt erscheint. Entscheidend ist, dass wir damit beginnen, eine *eigene* Entscheidung zu treffen und *selbst* mit Jesus zu leben. Eltern, Großeltern, Kindergottesdienstleiterinnen und Pastoren sind nur Wegweiser. Sie zeigen uns die Richtung, nicht mehr. Bei einem Wegweiser bleibt man nicht stehen, man bindet sich nicht an ihn. Und sollte er in die falsche Richtung zeigen, dann suchen wir weiter, bis wir die richtige Richtung finden. Wir sind berufen, Jesus nachzufolgen – und nicht seinem Bodenpersonal. Je abhängiger wir von Jesus Christus leben, desto unabhängiger werden wir von prägenden Menschen und Vorbildern. Wir lernen unseren eigenen Weg des Glaubens kennen – nicht im Gegensatz zu denen, die uns geprägt und beeinflusst haben, sondern im freien Umgang mit ihnen. Denken Sie einige Augenblicke darüber nach, was Sie bei Ihrem Glauben bzw. Unglauben wirklich bestimmt.

Getto-Christsein

Ich muss auf ein weiteres Problem für Menschen aus christlichen Häusern zu sprechen kommen, und das liegt nicht innerhalb ihrer Herkunftsfamilie, sondern außerhalb von ihr. Es muss nicht so extrem sein wie bei den Schulverweigerern im westfälischen Paderborn, wo den Kindern aus religiösen Gründen die Teilnahme am Unterricht verboten wurde. Es gibt auch kleinere Varianten, die nicht das Interesse der Medien finden, aber auch sie können sehr problematisch sein. Außenseiter sind hochgradig gefährdet, ein unechtes Leben zu führen. Sie werden in eine Rolle gedrängt, der sie oft nicht gewachsen sind.

Denke ich an meine Schulzeit zurück, so empfand ich mich tatsächlich oft als Außenseiter. Dabei spielte meine christliche Herkunft und Erziehung eine Rolle. Sie trug dazu bei, dass ich mich in der Schule oft allein fühlte. Abschreiben war nicht drin, denn meine Eltern hatten mir beigebracht, dass das Betrug sei. Auch lügen durfte ich selbstverständlich nicht, was mich hin und wieder in knifflige Situationen brachte. Von schmutzigen Reden sollte ich mich fernhalten. Wenn wir also auf dem Schulhof zusammenstanden und einer begann, zotige Witze zu erzählen, ging ich weg. Ich war keiner von denen, die dabei den Mund aufmachen, um anderen zu sagen, was ich für richtig bzw. falsch halte. Das wäre mit Sicherheit besser gewesen. Weil mir das aber nicht lag oder ich vielleicht dazu auch zu feige war, schwieg ich und zog mich meist still zurück. Damit geriet ich unausweichlich in eine Außenseiterrolle.

Ich mache meinen Eltern keinen Vorwurf. Ich habe bereits gesagt, dass es die Pflicht christlicher Väter und Mütter ist, ihre Kinder im Glauben an Jesus Christus aufzuziehen. Das beinhaltet auch einen Lebensstil, der den Geboten Gottes entspricht. Auch meine Frau und ich haben unsere Kinder in diesem Geist erzogen. Aber es darf nicht übersehen werden, was das für ein Kind bedeuten kann. Selbst wenn es den Glauben und die Lebensweise der Eltern bejaht und für sich selbst in Anspruch nimmt, wird es damit in der Regel noch nicht einen selbst gewählten Weg verbinden können.

Die Folgen sind unterschiedlich. Bei mir führte das Gefühl, Außenseiter zu sein, zu einem immer stärkeren Rückzug. Zwar lebte ich als normaler Schüler in meiner Klasse, aber eine wirkliche Öffnung für die Klassengemeinschaft kam kaum zustande. Was ich in dieser Beziehung brauchte, holte ich mir in meiner christlichen Umgebung. In der Schule fühlte ich mich dagegen immer einsamer. Nahm ich im Sommer an einer christlichen Freizeit teil, war das ein Stück Himmel auf Erden. Umso härter traf mich der Wechsel, wenn die Schule wieder begann.

Einige werden jetzt einwenden, dass das schließlich die normale Situation eines Christen sei. Muss jemand, der mit Gott lebt, nicht in der Welt geradezu ein Fremder sein? Betet nicht auch Jesus für seine Jünger, die zwar *in* der Welt, aber eben nicht *von* der Welt sind (Johannes 17,15.16)? Richtig! Aber Jesus geht es dabei gerade nicht um den Rückzug in ein frommes Getto. Und davon ganz abgesehen: Glauben Sie ernsthaft, dass es gut sei, wenn ein Kind sich auf eine fromme Insel flüchtet und dabei die Kontakte zu außergemeindlichen Freunden und Freundinnen verliert? Das kann der Beginn eines verhängnisvollen Weges sein.

Das Leben im christlichen Getto gleicht einem Treibhaus. Wer es irgendwann verlässt und gezwungen ist, sich der harten Wirklichkeit zu stellen, ist umso anfälliger für schädliche Einflüsse. Manchmal verstärken Eltern diese Anfälligkeit noch, indem sie ihren Kindern alle Berührungspunkte mit der Welt draußen verbieten. Wenn solche Jugendliche das fromme Treibhaus verlassen, z. B. aus beruflichen Gründen oder während des Studiums, kommen sie mit der Freiheit nur selten zurecht. Sie haben eben nie gelernt, als Christ unter Nichtchristen zu leben. Auf den schon erwähnten Jugendtreffen in Koblenz bereiteten solche jungen Leute uns Leitern manchmal schlaflose Nächte. Je enger und gesetzlicher ihre Elternhäuser waren, desto undisziplinierter verhielten sich die Kinder. Nicht selten lasen wir sie nachts in Diskotheken auf. Glücklich sind solche Leute dabei meist nicht. Wie frei sie sich auch gebärden, es geschieht fast immer mit schlechtem Gewissen.

Leben mit weitem Horizont

Sie fragen, worin da die Hilfe liegt? Wer in ein christliches Getto flüchtet, hat meist nur eine kleine Sicht von Gott. In der Theorie mag das anders sein – da singen wir die entsprechenden Choräle und Anbetungslieder von Gottes Größe und Allmacht. Aber das sagt eben noch nichts darüber aus, welche Sicht wir wirklich von Gott haben. Für viele Christen bleibt Gott in den Grenzen ihrer Kirche. Jesus Christus ist für sie der Herr ihrer christlichen Gemeinde. Dass er die Herrschaft über die Welt angetreten hat, haben sie nicht wirklich kapiert.

Aber die Bibel wird nicht müde, uns die Größe Gottes zu beschreiben. Als Petrus am Pfingstfest in Jerusalem von Jesus predigt, spricht er von dem, der die Herrschaft über alles angetreten hat (Apostelgeschichte 2,34–36). Und als die Jerusalemer Gemeinde sich während der Verfolgung zum Gebet versammelt, betet sie zu dem Gott, der Himmel und Erde geschaffen hat (Apostelgeschichte 4,24). Jesus selbst sendet seine Nachfolger mit den Worten in die Welt: *Gott hat mir unbeschränkte Vollmacht im Himmel und auf der Erde gegeben* (Matthäus 28,18). Glauben heißt also: Ich rechne mit diesem unvorstellbar starken Jesus Christus. Er umgibt mich von allen Seiten – nicht nur im Gottesdienst, sondern wo immer ich bin. Wohin wir auch außerhalb unseres christlichen Lebensraums kommen, er ist schon da. Darin liegt der befreiende Schlüssel für Außenseiter. Je mehr wir lernen, mit Jesus in allen Situationen zu rechnen, desto gelassener werden wir uns als Christen in dieser Welt bewegen.

Eine Hilfe, um das ganz praktisch einzuüben, ist das spontane Gebet auf der Straße, im Büro, an der Uni oder wo immer wir sind. Dazu muss man nicht die Hände falten und die Augen schließen. Es genügt, dem Vater im Himmel zu sagen: Danke, dass du da bist!

Und auch hier gilt wie so oft im Leben: Einmal reicht nicht! Wenn ich mein Bewusstsein verändern will, gelingt das in der Regel nur durch längere Prozesse. Morgens im Bus, mittags in der Kantine, am späten Nachmittag im Stau auf der Straße – ein befreiendes Stoßgebet kann Wunder wirken. Sprechen Sie mit ihm über das, was Sie sehen und hören. Fühlen Sie sich mutterseelenallein, dann sagen Sie es ihm! Das alles öffnet unser Bewusstsein mehr und mehr dafür, dass auch die Welt außerhalb des uns vertrauten Lebensraums *seine* Welt ist.

Ich weiß, unsere Außenseiterrollen aus der Kindheit streifen wir auch als Erwachsene nicht einfach ab. In der Regel hinterlassen sie tief eingefahrene Spuren. Schnell rutschen wir wieder in sie hinein. Mir fällt es auch heute noch schwer, in der Bahn oder beim Einkaufen mit einem Menschen über den Glauben zu reden. Mag sein, dass das ganz normal ist, aber manchmal spüre ich dann wieder den Druck, den ich während meiner Schulzeit empfand. Schon damals hatte man mir eingeprägt: Als Christ bist du verantwortlich für die Menschen deiner Umgebung. In diesem Zusammenhang erinnere ich mich an eine Predigt über Hesekiel 33,8 (Luther): *Wenn ich nun zu dem Gottlosen sage: Du Gottloser musst des Todes sterben, und du sagst ihm das nicht, um den Gottlosen vor seinem Wege zu warnen, so wird er, der Gottlose, um seiner Sünde willen sterben, aber sein Blut will ich von deiner Hand fordern.* Das saß!

Heute glaube ich zwar nach wie vor, dass wir als Christen den Auftrag haben, von dem zu erzählen, was wir gehört und gesehen haben (Apostelgeschichte 4,20). Trotzdem steht das nicht immer und in jeder Situation auf meinem Programm. Manchmal genügt es, einem Menschen aufmerksam zuzuhören und sich ergebende Anknüpfungspunkte zu nutzen. Es muss auch nicht immer *alles* gesagt werden. Manchmal reicht ein Denkanstoß, eine Einladung, ein freundliches Wort. Inzwischen weiß ich, wie wichtig es ist, dabei auf die Stimme des Heiligen Geistes zu achten. Nicht nur vor Gericht, auch bei solchen eher kleinen Alltagsbegegnungen gilt die Zusage: *Macht euch keine Sorgen, was ihr sagen sollt oder wie ihr es sagen sollt. Es wird euch im entscheidenden Augenblick eingegeben werden. Nicht ihr werdet dann reden, sondern der Geist eures Vaters wird aus euch sprechen* (Matthäus 10,19). Erinnern Sie sich an solche Situationen?

Wenn ich in der Verbindung mit Gott lebe und ihm zutraue, dass er nicht nur in der persönlichen Stille, sondern auch unmittelbar und überraschend zu mir spricht, erlebe ich, wie er mich gebraucht. Und was ich im Hinblick auf die beschriebene Situation als besonders befreiend empfinde: Ich lebe nicht mehr mit dem Stress, in jeder Begegnung die ganze Heilsbotschaft an den Mann bzw. die Frau bringen zu müssen.

Wenn Bibelworte zu Worthülsen werden

In christlichen Familien gibt es beides: zu hohe und zu niedrige Erziehungsziele. Zu hoch ist das Ziel, wenn Eltern ihre Kinder zu Christen *machen* wollen. Der christliche Glaube von Söhnen und Töchtern kann nicht Bestandteil eines Erziehungsprogramms sein, er braucht den Freiraum einer eigenen Entscheidung. Auch in dem biblischen Gleichnis vom verlorenen Sohn lässt der Vater seinen Jüngsten los. Das geht nicht anders, auch wenn die Herzen der Eltern dabei bluten. Je größer der elterliche Druck, desto stärker der Freiheitsdrang. Werden Kinder flügge, dann muss man sie ziehen lassen. Wann das genau ist, ist individuell verschieden.

Aber spätestens an dieser Stelle muss auch gesagt werden, dass die besten Eltern das Resultat ihrer Erziehung nicht in der Hand haben. Söhne und Töchter sind eigenständige Persönlichkeiten. Die christliche Erziehung mag noch so gut sein – die Kinder haben die

Freiheit, sich anders zu entscheiden. Vorher einspuren und festlegen lässt sich der Glaube eben nicht. Da bleibt nur eines, und das ist viel: Eltern können für ihre Kinder beten. Ich glaube fest, dass die Gebete der Eltern unter einer besonderen Verheißung stehen – allerdings oft in anderen Zeitmaßstäben, als wir uns das wünschen.

Nun steht fest, dass die entscheidenden Prägungen nicht erst mit der Religionsmündigkeit beginnen, wenn das Kind 14 ist. Schon in frühester Kindheit zeichnen Väter und Mütter das Gottesbild ihrer Kinder. Stimmen Reden und Tun der Eltern nicht überein, ist das Vertrauen nachhaltig gestört. Drohen Eltern bei Ungehorsam mit Liebesentzug, ist das oft der Grund, dass Kinder ein Leben lang Angst vor Gott haben. Wie sollen sie glauben, dass Gott sich wie ein Vater über seine Kinder erbarmt (Psalm 103), wenn der eigene Vater nie Erbarmen zeigte? Auf diese Weise werden Bibelworte zu leeren Worthülsen.

Oder ich denke an die Doppelmoral mancher Familien. In der Kirche oder Gemeinde wird der fromme Schein peinlich genau gewahrt, aber in den eigenen vier Wänden oder während des Urlaubs verhält man sich ganz anders. In den Ohren der Kinder klingt das Reden von Ehrlichkeit und Echtheit dann wie eine Farce. Gar nicht selten erzählen mir Kinder, dass ihre predigenden Väter sich in der eigenen Familie ganz anders verhalten als auf der Kanzel. Ich kann das nicht nachprüfen, bin aber sicher, dass solche Aussagen nicht immer aus der Luft gegriffen sind. So kann eine christliche Erziehung fast zum Fluch werden.

Paulus sah in der Erziehung des Timotheus eine Segensspur. *Du kennst seit deiner Kindheit die heiligen Schriften*, schreibt er (2. Timotheus 3,15). *Deshalb bleibe bei dem, was du gelernt hast und worauf du dein Vertrauen gesetzt hast* (Vers 14). Aber was ist, wenn sich Leben im Elternhaus und Heilige Schrift widersprechen? Dann schlägt das Vertrauen in Misstrauen um und es passiert das Gegenteil: Die Barriere zum Glauben wird nicht abgebaut, sondern erhöht. Verstehen Sie mich nicht falsch: Das Ziel sind nicht Väter und Mütter, die keine Fehler machen. Glaubwürdig sind Eltern, die zu ihren Fehlern stehen – vor Gott und vor ihren Kindern. Sie sind sogar ein besonderes Dokument der Gnade und Barmherzigkeit Gottes.

Tief verletzt, aber nicht unheilbar

Aber auch das sei gesagt: Unglaubwürdige Väter und Mütter können den Glaubensweg ihrer Kinder zwar erschweren, aber für alle Zeit blockieren können sie ihn nicht. Wer ein solches Erbe als Last mit sich trägt, dessen Leben ist damit noch nicht gescheitert. Wenn ich betont habe, dass die besten Eltern ihre Kinder nicht zu Christen machen können, dann gilt das auch umgekehrt: Die schlechtesten Eltern können ihre Kinder nicht hindern, Christen zu werden. In der Konsequenz heißt das für uns als Söhne und Töchter: Wir selbst sind für unseren Weg verantwortlich. Wir mögen unter dem Schaden leiden, den unehrliche und unglaubwürdige Väter und Mütter in unserem Leben angerichtet haben, aber wir können sie nicht für unseren Unglauben verantwortlich machen.

Wer spürt, wie ihm seine Kindheit den Weg zum Glauben erschwert, sollte sich Menschen suchen, die ihn begleiten und für ihn beten. Er braucht die Nestwärme der Familie Gottes in besonderer Weise. Und wem ein völlig verzerrtes Bild von Gott und seinem Sohn Jesus anerzogen wurde, der sollte sich Bibelworte einprägen, die sein falsches Bild von Gott korrigieren. Noch einmal rate ich Ihnen, richtungsweisende Bibelworte so anzubringen, dass Sie sie auch im alltäglichen Leben vor Augen haben – am Küchenschrank und Armaturenbrett, auf der Schreibtischunterlage und am Spiegel im Badezimmer. Mit den folgenden Worten können Sie beginnen:

- *Ich habe nie aufgehört, dich zu lieben. Ich bin dir treu wie am ersten Tag (Jeremia 31,3b).*
- *Der Herr ist voll Liebe und Erbarmen, voll Geduld und unendlicher Güte (Psalm 103,8).*

- *Herr, wo sonst gibt es einen Gott wie dich? Allen, die von deinem Volk übrig geblieben sind, vergibst du die Schuld und gehst über ihre Verfehlungen hinweg. Du hältst nicht für immer an deinem Zorn fest; denn Güte und Liebe zu erweisen, macht dir Freude. Du wirst mit uns Erbarmen haben und alle unsere Schuld wegschaffen; du wirst sie in das Meer werfen, dort, wo es am tiefsten ist (Micha 7,18-19).*

Dies ist nur eine kleine Auswahl aus dem Alten Testament. Ergänzen Sie sie – auch mit neutestamentlichen Bibelworten.

Am schlimmsten ist es, wenn fromme Väter sich an ihren Töchtern vergehen, sie missbrauchen und damit ihr Leben zerstören. Es hat Zeiten gegeben, da war ich der Meinung, das Problem sei aufgebauscht, in Wirklichkeit käme es eher selten vor. Heute weiß ich, dass das anders ist. Ich habe von missbrauchten Töchtern gehört, dass sie einfach nicht mehr glauben können. Von einem Vater im Himmel wollen sie nichts mehr hören, aufgrund ihrer schrecklichen Erfahrungen können sie es einfach nicht.

Aber selbst das muss nicht das letzte Wort sein, auch solche Verletzungen kann Gott heilen. Betroffene Frauen (und Männer) bezeugen das. Aber die Verletzungen sind tief und der Vertrauensprozess langwierig. Besonders wichtig ist es dann, dass es geistliche Schwestern und Brüder gibt, die mit den betroffenen Menschen darüber behutsam reden und ihnen vor allem zuhören. Schnelle Sprüche, und seien sie noch so richtig, helfen nicht weiter. Im Gegenteil, es braucht viel Sensibilität, eine lange Begleitung und vor allem betende Menschen, um hier wirklich helfen zu können.

Aber vergessen Sie nicht: Auch Sie werden vielleicht einmal Vater bzw. Mutter sein, vielleicht sind Sie es ja schon. Es ist richtig, die Schuld unserer Eltern offen anzusprechen, aber nicht mit der Haltung, als seien wir gefeit davor, anderen zuzufügen, was uns passiert ist. Leider reichen Eltern oft an ihre Kinder weiter, was sie selbst in ihrer Kindheit erlebt haben. Es gibt so etwas wie eine Kettenreaktion des Bösen und es zeigt seine Macht vor allem im Verborgenen. Das kann wie ein Fluch sein, der Menschen über Generationen hinweg bindet (2. Mose 20,5). Aber Jesus ist Sieger! Er vergibt, befreit und heilt, was geschehen ist. Aber dazu müssen wir in sein Licht treten, unsere Schuld bekennen, uns befreien und auch betend begleiten lassen.

Neues Leben in neuen Familien

Vor einigen Wochen wurde ich von einem Elternpaar angesprochen. Ihr Kind war zum Glauben an Jesus Christus gekommen. Da sie selbst noch nicht lange Christen sind, ergab sich für sie eine völlig neue Situation. Vater, Mutter, Tochter und Sohn standen jetzt nicht nur in einem Eltern-Kind-Verhältnis zueinander. Durch den gemeinsamen Glauben an Jesus Christus waren sie zu Geschwistern geworden. Der Vater war also in Christus der ältere Bruder seines Sohnes, die Tochter die jüngere Schwester der Mutter. Ganz schön kompliziert, oder? Geht damit ein Stück elterlicher Autorität verloren? Das war ihre Frage.

Nun weiß ich aus eigener Erfahrung, dass es eines der größten Geschenke Gottes ist, wenn unsere Kinder zum Glauben an Jesus Christus kommen. Das Eltern-Kind-Verhältnis ist damit ja nicht aufgehoben, Eltern bleiben Eltern und die Kinder bleiben unsere Kinder. Auch das Gebot: *Du sollst Vater und Mutter ehren* gilt nach wie vor. Weil die Kinder bewusst mit Jesus Christus leben, haben Eltern und Kinder sogar noch eine bessere Möglichkeit, das Wort von Paulus umzusetzen: *Ihr Kinder gehorcht euren Eltern! So ist es recht vor dem Herrn. Du sollst deinen Vater und deine Mutter ehren, ist das erste*

Gebot, dem eine Zusage folgt: Dann wird es dir gut gehen, und du wirst lange leben auf dieser Erde. Ihr Väter behandelt eure Kinder nicht so, dass sie widerspenstig werden! Erzieht sie mit Wort und Tat so, wie es dem Herrn gemäß ist (Epheser 6,1–4). *Dem Herrn gemäß* heißt: *Maß nehmen an Jesus.* Er liebte seine Jünger, ging ihnen nach, hörte ihnen zu, lehrte sie und zeigte ihnen, was es heißt, Menschen zu lieben und zu heilen. Wer dementsprechend leben will, hat keinen Raum mehr für Heuchelei, für leere Sprüche und verletzende Blicke. Jesus begegnete jedem Menschen mit höchster Wertschätzung. *Dem Herrn gemäß* verbietet aber auch einen fordernden Gehorsam, mit dem Väter und Ehemänner (Epheser 5,22) auf ihr Recht pochen. Paulus schreibt diese Sätze nicht, damit wir sie uns gegenseitig vorhalten, sondern spricht darin unmittelbar die Betroffenen an. Und alles steht unter der Überschrift: *Ordnet euch einander unter, wie es die Ehrfurcht vor Christus verlangt* (Vers 21; Luther). Familien, die in diesem Geist miteinander leben, werden zu Lebenszellen erfahrbarer Liebe Gottes.

Wenn das Feuer zu verlöschen droht

Alte Quellen neu entdecken

Es ist kein Geheimnis, dass es christliche Kirchen und Gemeinden gibt, die nicht gerade der Inbegriff des Lebens sind. Bei ihnen findet sich nichts Überraschendes mehr. Die zentralen Heilsaussagen der Bibel sind ihnen allzu vertraut, die Predigten routiniert. Die Lieder von der Freude Gottes werden mit eher teilnahmslosen Gesichtern gesungen. Fast könnte man den Eindruck gewinnen, es ginge dabei um etwas Belangloses. Wie ist das möglich?

Diese Frage wird umso drängender, je mehr man sich bewusst macht, wie sie mit dem Glauben an Jesus Christus begonnen haben. Am Anfang waren sie das blühende Leben. Begriffe wie Liebe und Freude, Annahme und Geborgenheit waren in ihren Reihen durchaus erfahrbar. Was ist hier passiert? Gibt es im geistlichen Leben so etwas wie einen natürlichen Alterungsprozess, der dem ursprünglichen Leben mit der Zeit deutliche Grenzen setzt? Oder präziser: Ist es unabwendbar, dass Christen, die ihren Weg mit großer Vitalität begonnen haben, im Laufe der Jahre innerlich erstarren und damit die Fähigkeit verlieren, neue Impulse aufzunehmen und sich aktuellen Herausforderungen zu stellen?

Die Tropfkerze

Lassen Sie mich ein Bild gebrauchen: In den sechziger Jahren war es Mode, an gemütlichen Abenden Tropfkerzen anzustecken. Die Kerzen wurden auf eine dickbauchige Weinflasche gestellt. Das heiße Wachs lief an der Flasche herunter und wurde mit dem Erkalten zunehmend langsam und schwerfällig. Schließlich konnte das neue

Wachs nicht mehr nachfließen und musste sich einen anderen Weg suchen. Zurück blieb eine erkaltete Struktur aus Wachs.

Nehmen Sie die Tropfkerze als Bild für das geistliche Leben. Vor ca. 2000 Jahren zündete Gott in Jerusalem sein Feuer an, und er hat das immer wieder getan in der Kirchengeschichte. Menschen kamen zum Glauben und wurden mit dem Geist Gottes erfüllt. Dann aber ließ das Feuer nach. Da die Glut immer noch Wärme abgab, fiel das am Anfang kaum jemandem auf. Erst wenn auch die Glut erkaltete, fragte man ernsthaft nach den Ursachen. Aber nicht immer führte das zurück zu dem Feuer, manchmal gab man sich mit weniger zufrieden. Viele Male hat sich dieser Prozess wiederholt – bis heute.

In den USA entdeckte ich vor Jahren zum ersten Mal Nachbildungen von Kaminfeuern, heute gibt es sie auch in Deutschland zu kaufen. Das Züngeln der Flammen sieht verblüffend echt aus, aber es ist eine elektrische Nachbildung. Tritt man nah genug heran, so ist da keine Ausstrahlung, nichts Ansteckendes. Das Feuer ist nicht echt.

Schauen wir uns das genauer an: Im Alten und Neuen Testament wird Gott ein *verzehrendes Feuer* genannt (2. Mose 24,17; Hebräer 12,29). Wir verbinden mit dem Feuer gerne Wärme und Behaglichkeit, aber in der Bibel steht der Begriff vor allem für die Heiligkeit Gottes. Mose begegnete dem Feuer auf dem Berg Sinai (2. Mose 19,18; 24,1–18). Niemand außer ihm durfte sich dem Feuer nahen, wer sich darüber hinwegsetzte, musste sterben (2. Mose 19,21). Mit dem Feuer verbindet die Bibel auch Reinigung und Läuterung. Im Blick auf unser Lebenswerk schreibt Paulus: *Am Tag des Gerichts wird sich erweisen, ob es Bestand hat. Dann wird die Feuerprobe gemacht: Das Werk eines jeden wird im Feuer auf seinen Wert geprüft* (1. Korinther 3,13).

Im Neuen Testament erfahren wir, dass Jesus das Feuer Gottes auf die Erde bringt. Zu seinen Jüngern sagt er: *Ich bin gekommen, auf der Erde ein Feuer zu entzünden, und ich wollte, es stünde schon in hellen Flammen. Aber ich muss noch eine Taufe auf mich nehmen – hätte ich sie doch schon hinter mir* (Lukas 12,49). Nach seiner Kreuzigung, seinem Tod, seiner Auferstehung und Himmelfahrt ist es dann soweit. Am Pfingstfest in Jerusalem wird die Luft plötzlich von einem gewaltigen Rauschen erfüllt, so wie bei einem großen Sturm. Feuerflammen sind zu sehen und setzen sich auf die versammelte Gemeinde. Sie ist im oberen Stock eines Hauses zum Gebet versammelt, etwa 120 Personen. Alle werden vom Heiligen Geist erfüllt und beginnen in ihnen fremden Sprachen zu reden. Aber es hält sie nicht in dem Obergeschoss, Gott anbetend und lobend laufen sie auf die Straße. Ihre Erregung ist so groß, dass die Menschen in der Stadt sie für betrunken halten. Petrus klärt die versammelten Massen auf: „Nein, wir sind nicht betrunken, es ist ja erst neun Uhr morgens. Was Ihr hier erlebt, ist das, was der Prophet Joel prophezeit hat." Und dann zitiert er den Propheten: *Wenn die letzte Zeit anbricht, dann gieße ich über alle Menschen meinen Geist aus. Männer und Frauen in Israel werden dann zu Propheten. Junge Leute haben Visionen und die Alten prophetische Träume. Über alle, die mir dienen, Männer und Frauen, gieße ich zu jener Zeit meinen Geist aus, und sie werden als Propheten reden* (Apostelgeschichte 2,17-18).

Das liegt über 2000 Jahre zurück und die Geschichte Gottes mit seiner Gemeinde ist vorangeschritten. In allen Erdteilen gibt es heute Christen. Auch an diesem Tag werden sich Menschen aus der Dunkelheit in das helle Licht Gottes rufen lassen (1. Petrus 2,9b). Gottes Geist ergreift und erfüllt immer noch Menschen, die bereit sind, Jesus als ihren Retter und Herrn anzunehmen.

Setz die Herzen in Brand!

In einem der beliebtesten Lieder von Graham Kendrick singen wir: *Jesus, dein Licht füll dies Land mit des Vaters Ehre! Komm, heilger Geist, setz die Herzen in Brand!* Dies ist der einzige Weg, müde und halbherzige Christen neu in Bewegung zu bringen, damit sie zu brennenden Fackeln der Liebe Gottes werden. Immer wieder gab es in der Kirchengeschichte besondere Zeiten, in denen dieses Feuer

Menschen ergriff. *Erweckung* nennen wir ein solches Ereignis. In Westeuropa erleben wir zurzeit wenig davon, anders ist es in afrikanischen und asiatischen Ländern.

Detmar Scheunemann erzählt von einem Gottesdienst während der indonesischen Erweckung unter dem Blätterdach einer ganz einfachen Kirche. 600 Menschen sind versammelt, einer der jungen Leute singt ein Sololied. Plötzlich kommt es zu einer starken Bewegung in der Gemeinde. Als der Pastor nach vorne gehen will, um zu predigen, weinen überall die Menschen. Es kommt zur Umkehr vieler, einfach weil das Feuer Gottes sie berührt[5]. Das ist typisch für Erweckung: Nicht wer predigt und wie er predigt ist entscheidend, allein das Wirken des Heiligen Geistes steht im Mittelpunkt.

Ähnliche Erfahrungen machte Bischof Festo Kivengere in der ostafrikanischen Erweckungsbewegung. Als ich 1974 am Lausanner Kongress für Weltevangelisation teilnahm, kam er eines Abends mit anderen Bischöfen Ostafrikas auf die Bühne und gemeinsam berichteten sie strahlend von dem, was der Gottes Geist in ihren Ländern wirkte. Dabei herrschten damals politisch schwere Zeiten. 1974 gab es in Uganda, der Heimat Festo Kivengeres, eine „Herrschaft des Schreckens", so die „New York Times". Politische Beobachter sprachen von mehr als 90 000 Menschen, die während dieser Monate ermordet wurden. „Aber Jesus wurde gepriesen, und wir sahen, wer er ist und was er für Menschen tun kann", erzählte Kivengere. „Es gab eine Welle der Sündenerkenntnis, als wir unseren Hass und unsere mangelnde Bereitschaft zur Vergebung im Lichte Gottes sahen – auch unsere Angst, die aus dem Unglauben kam."[6]

Trotz der Verfolgung nahm die Bewegung zu. Zwei Jahre später, Festo Kivengere sprach damals auf dem Christival in Essen, waren die Kirchen in Uganda zum Bersten gefüllt. Kivengere berichtete auch, wie die Katholische Kirche von der Bewegung erfasst wurde.

---

5 Detmar Scheunemann: Und führte mich hinaus ins Weite. Studien über das Wirken des Heiligen Geistes in Indonesien und anderswo. R. Brockhaus Verlag, Wuppertal 1980

6 Festo Kivengere: Wenn Gott handelt. Schwengeler Verlag, Heerbrugg 1976

Es gab einen Jesus-Marsch mit 8000 jungen Leuten, den der katholische Bischof und Festo als anglikanischer Bischof gemeinsam anführten. Er erzählt: „Ich werde nie vergessen, wie sich an einem Abend der katholische Bischof vor der ganzen Versammlung zu mir umdrehte, mich umarmte und sagte: Ich liebe dich, Festo! Das war auch meine Haltung ihm gegenüber. Es war ein befreiender Augenblick."

Und es gibt weitere Beispiele, wie das Feuer Gottes Herzen in Brand setzte: Blaise Pascal, der berühmte Mathematiker, schrieb mit einer präzisen Zeitangabe auf einem Zettel, den man nach seinem Tod eingenäht in seiner Kleidung fand: „Am heutigen Tag der Gnade, 1654, von halb zehn Uhr abends bis eine halbe Stunde nach Mitternacht: Feuer, Feuer, Gott Abrahams, Gott Isaaks, Gott Jakobs, nicht der Philosophen und der Weisen. Gott durch Jesus Christus. Dein Gott soll mein Gott sein. Vergessen sei die Welt und alles außer Gott. Er kann nur gefunden werden auf den Wegen, die gelehrt im Evangelium." Der Evangelist Dwight Lyman Moody (1837–1899) erzählt von einer Erfahrung mitten in New York, auf der Wall Street: „Gott offenbarte sich mir und ich hatte eine solche Erfahrung seiner Liebe, dass ich ihn bitten musste, seine Hand zurückzuhalten."

Das alles berichten Menschen, die vom Feuer Gottes erfasst wurden. Es gibt dabei kein Schema, bei jedem ist es anders. Auch jede Erweckungszeit hat ihre eigene Prägung. Aber immer ist es das Feuer des Heiligen Geistes, das Menschen erfasst, reinigt und zur Ehre Gottes gebraucht.

Aber es ist eigenartig: Unsere Begegnungen mit Gott können noch so stark, intensiv und vielleicht auch emotional sein – sie bewahren uns nicht davor, ihn auch wieder loszulassen und auf selbstherrlichen Wegen unser Glück zu suchen. Auch unechte Nachbildungen von Erweckungen sind möglich, die Begleitumstände werden zur frommen Masche, deshalb sagen sie für sich genommen auch noch nichts über die Echtheit der Bewegung aus. Für Bibelkenner ist das nicht überraschend, müsste Jesus seine Jünger sonst mahnen: *Bleibt in mir, dann bleibe ich in euch! Wie die Rebe aus sich keine Frucht bringen kann, sondern nur, wenn sie am Weinstock bleibt, so könnt auch ihr keine Frucht bringen, wenn ihr nicht in mir bleibt* (Johannes 15,4)? Er warnt sie nachdrücklich: *Wer nicht in mir bleibt, wird wie die Rebe weggeworfen und verdorrt. Man sammelt die Reben, wirft sie ins Feuer, und sie verbrennen.* Auch das ist also möglich. Der Glaube ist keine Versicherungspolice für die Ewigkeit. Er ist Beziehung, und Beziehungen lassen sich lösen.

Von seinem Mitarbeiter Demas muss Paulus sagen: *Er hat mich verlassen und die Welt lieb gewonnen* (2. Timotheus 4,10). Einige Jahre zuvor gehörte er noch zum engsten Mitarbeiterstab des Apostels (Kolosser 4,14). Es ist wichtig, sich bewusst zu machen, wie solche Erkaltungsprozesse verlaufen. Nein, es gibt da kein Schema, aber deutliche Warnungen Gottes an uns.

Die stillsten Stunden

Vor einigen Jahren wachte ich eines Nachts in einem Hotel an der Autobahn auf. Ich hatte deutlich eine Bibelstelle vor Augen, ohne zu wissen, was da steht. Ich knipste das Licht an und las Hesekiel 8,12: *Und er sprach zu mir: Menschenkind, siehst du, was die Ältesten des Hauses Israels tun in der Finsternis, ein jeder in der Kammer seines Götzenbildes* (Luther)?

Zum Verständnis des Textes hier einige Hintergrundinformationen: Der Prophet Hesekiel gehörte zu den 10 000 jüdischen Beamten, Soldaten und Handwerkern, die 598 v.Chr. von Jerusalem ins Exil nach Babylon verschleppt wurden. In der Gefangenschaft dort suchten ihn immer wieder die Ältesten auf, um Gottes Willen zu erfragen. Aus einer solchen Sitzung wird der Prophet plötzlich in einer Vision über Hunderte von Kilometern zum Tempel in Jerusalem entrückt. Was er sieht, erschreckt ihn. Am Nordeingang ist ein großes Bild der Fruchtbarkeitsgöttin Aschera aufgestellt. Der Herr fragt ihn: *»Du Mensch, siehst du, was sie da treiben? Die Leute von Israel kümmern sich nicht um meinen Tempel; statt dessen verüben sie diesen abscheulichen Götzendienst. Aber du wirst noch Schlimmeres sehen«* (Vers 6). Und dann wird Hesekiel weitergeführt. Die Mauer des Tempels öffnet sich und er schaut in einen verborgenen Raum, vermutlich tief unten im Gewölbe. Abscheuliche Darstellungen kleiner und großer Tiere sind zu sehen, davor die Ältesten mit Räucherpfannen, aus denen Weihrauch aufsteigt. Wieder spricht der Herr zu ihm – mit dem Wort, das ich in jener Nacht lesen musste: *»Du Mensch, siehst du, was die führenden Männer Israels im Verborgenen treiben? So machen sie es auch zu Hause, jeder vor seinem Götzenschrein. Sie denken: ‚Der Herr sieht es nicht'«* (Vers 12).

Ich saß im Bett, schweißgebadet, mit dem Eindruck: Gott hat jetzt unmittelbar gesprochen – in mein Leben und in das Leben des Gemeindebundes, in dem ich Verantwortung trage. Ich erinnerte mich, welche Macht Fernsehbilder über mich ausüben können, vor allem nachts. Mir fielen auch versteckte Strategien ein, geschickt getarnte egoistische Manöver, in Gesprächen oder Sitzungen bei öffentlichen Auftritten oder durch Zeitschriftenartikel. An Unehrlichkeiten musste ich denken, an mir gegenüber geäußerte Gedanken und Vermutungen, die ich nicht richtig stellte, weil sie mir ins Konzept passten, auch die raffiniert getarnte Unwahrhaftigkeit kann ja ein bequemer Götze sein. Und vor allem: Was trieb mich wirklich? „Ein Götze ist nicht etwas, das an uns hängt, sondern woran wir hängen; nichts, was ich bestimme, sondern was mich bestimmt", hatte ich einmal gelesen. Welchen Stellenwert hatten Geld, Macht, Ansehen, Lebensstandard, Arbeit und Beruf für mich? Was waren meine verborgenen Rituale der Götzenanbetung? Diese Gedanken kreisten durch meinen Kopf.

Ich blätterte in meiner Bibel zurück. Vor Jahren hatte ich mir ein Zitat von Adolf Köberle (1898–1990) hineingeschrieben: „Entscheidend wird es in unserem Dienst darauf ankommen, wie unsere stillsten Stunden verlaufen, da wir von niemand gesehen oder beobachtet werden. Wir können in der Wirkung nach außen niemals mehr sein, als wir im Verborgenen sind. Darum müssen wir im Blick auf Herz, Fantasie, Gedankenleben Gottes Geist unablässig an uns arbeiten lassen." Wie oft hatte ich diese Sätze in Predigten und Vorträgen zitiert. Aber lebte ich denn selbst danach? Wenn es tatsächlich *entscheidend* auf diese stillsten Stunden ankommt, müsste ich sie dann nicht noch viel stärker in den Blick nehmen?

Als Teenager habe ich ein Buch von Johannes Busch mit dem Titel „Stille Gespräche" gelesen, ich habe es heute noch in meinem Bücherschrank. Damals hatte es mich sehr bewegt. Ein Kapitel darin ist überschrieben: „Hast du auch schwache Stunden, Bruder?". Johannes Busch schreibt da von den höllischen Angriffen Satans. Ja, ich kannte solche Angriffe und kenne sie bis heute, und ich kann nicht behaupten, daraus immer als Sieger hervorzugehen. Wie ist es mit Ihnen? Wie gehen Sie daraus hervor? Ich weiß, das sind sehr persönliche Fragen, aber es lohnt sich, sie zu beantworten. Dabei gilt, was wir uns bereits im zweiten Kapitel bewusst machten. Der Titel „Wer bin ich, wenn mich keiner sieht" stimmt nicht ganz: Einer sieht Sie und ist jetzt bei Ihnen. Aber was immer Sie auf die gestellten Fragen auch antworten werden: Seine Liebe zu Ihnen wird nicht erschüttert!

Zurück zu Hesekiel. Man muss sich das einmal vorstellen: Da ist der Tempel Gottes, den Salomo nach den Plänen Gottes baute, ein Ort, von dem die Bibel berichtet, dass die Herrlichkeit Gottes ihn erfüllte (1. Könige 8,10.11). Aber das lag weit zurück. Dort unten, in einem verborgenen Raum, beten die leitenden Leute die von Gott gehassten Götter an. Wie ist das möglich? Was ist da geschehen? Es gibt nur eine Erklärung: Das Volk Gottes hatte sich weit vom Feuer entfernt.

Es trug noch seinen Namen, aber die Glut war erloschen, die Herzen waren kalt.

Richard Lovelace berichtet in seinem Buch „Theologie der Erweckung", dass er während seines Philosophiestudiums auf die Frage nach Gott stieß und zunächst den Wunsch hatte, in ein katholisches Kloster einzutreten. Aber trotz zweimaliger Lebensbeichte konnte der zuständige Priester ihm nicht helfen. Lovelace hatte auch protestantische Freunde, die sich freuten, dass er nun nach Gott fragte, aber er nahm sie nicht ernst. Er schreibt dazu: „Mir erschien ihr Glaube verwüstet und seiner Übernatürlichkeit beraubt, da war menschenfreundliche Moral, aber keine echte Frömmigkeit."[7] Detmar Scheunemann sagt im Blick auf die Erweckung in Indonesien, dass weder die Pfingstkirchen noch die biblisch orientierten Freikirchen von der Erweckung auf Timor erfasst wurden. Sie erfuhren erst von außen, dass auf ihrer Insel eine Erweckung stattfand, weil sie den Kontakt zu dem, was Gott tut, längst verloren hatten. Im Grunde ist es immer das gleiche Problem: Männer und Frauen, die früher für Gott brannten, sind in die alten Verhältnisse zurückgekehrt. Dem Namen nach leben sie noch, aber sie sind tot (Offenbarung 3,1).

Nehmen Sie noch einmal das Bild von der Tropfkerze: Das fließende Wachs löst sich ja nicht auf, je weiter es sich vom Feuer entfernt. Es wird schwerfällig und bleibt schließlich in der Fließform stehen. Zweifellos gibt es eine Religiosität, die durchaus sehenswert zu sein scheint, vielleicht sogar viel Gutes hat, aber eben nicht mehr vom Geist Gottes bewegt wird. Solche formal richtigen Christen sind nicht mehr in Christus verankert, sondern in Erfahrungen der Vergangenheit. Das Verständnis der Sünde richtet sich auf Verhaltensweisen, die eigentliche Schuld der Trennung von Gott wird von ihnen nicht mehr wahrgenommen. Ich befürchte, auch die Sätze dieses Buches helfen da nicht weiter. Wir können die richtige Dogmatik

---

7 Richard Lovelace: Theologie der Erweckung. Verlag der Francke-Buchhandlung, Marburg 1984

und viel Bibelwissen haben, aber wenn das Feuer Gottes nicht mehr in uns brennt, dann ist alles umsonst.

Der erste Schritt: Schuld bekennen

Erweckungszeiten beginnen oft schmerzhaft. Damit müssen wir noch einmal aufgreifen, was wir bereits unter den grundlegenden Schritten eines authentischen Lebens vermerkt hatten. Verborgene, manchmal weit zurückliegende Sünde wird aufgedeckt. Detmar Scheunemann berichtet von einer Konferenz für Missionare und einheimische Leiter auf der Insel Timor, in der plötzlich ein Mann niederfiel und weinte. Er bekannte Gott seinen Groll und seine Bitterkeit. Ein anderer bekannte eine Schuld, die über 20 Jahre zurücklag[8].

Wir leben in einer Zeit, in der Sünde vielfach rein psychologisch betrachtet wird – auch in unseren christlichen Kreisen. Da sind es dann die Verhältnisse oder unsere Eltern und Großeltern, die uns in eine verfahrene Situation gebracht haben. Im Grunde ist es das uralte Schema: Schuld wird weitergereicht. *Du bist der Mann!*, sagte der Prophet Nathan dem König David, als dieser aufgebracht einen anderen zur Rechenschaft ziehen wollte (2. Samuel 12,7). „Ich habe gesündigt!" Diese Erkenntnis ist der erste Schritt zur Heilung. Sünde ist in den Augen Gottes so real, dass sein Sohn Jesus dafür sterben musste. Wer sie bagatellisiert, dem kann nicht geholfen werden.

Um es auf den Punkt zu bringen: *Umkehren* – von der verborgenen Schuld in die heilende Nähe Gottes – ist der Weg der Befreiung. Dazu gehört ein klares Bekenntnis unserer Schuld. Das Neue Testament versteht darunter ein unmissverständliches Eingeständnis unseres Versagens.

Aber das Bekenntnis der Schuld allein befreit uns noch nicht. Es

8 Detmar Scheunemann: Und führte mich hinaus ins Weite

ist zwar ein mutiger Schritt, aber er macht nur Sinn, wenn er in die Arme des Befreiers Jesus führt. Reue allein reicht nicht aus. Auch Judas bereute seine Schuld, aber sie trieb ihn nicht zu Jesus, sondern in den Selbstmord.

Zum Schuldbekenntnis vor Gott kann auch das Bekenntnis voreinander gehören, gerade dann, wenn es um verborgene Sünde und ihre Bindungen geht. Jakobus schreibt: *Überhaupt sollt ihr einander eure Verfehlungen bekennen und füreinander beten, damit ihr geheilt werdet* (Jakobus 5,16). Allerdings gehört beides zusammen: bekennen und beten. Wird es voneinander getrennt, stimmt die Aufforderung des Jakobus nicht mehr. In einer Zeit propagierter Offenheit muss das deutlich gesagt werden. Gegenseitige Offenheit für sich genommen ist noch kein Heilmittel.

Festo Kivengere meint zur Offenheit unter Christen, dass das Gespräch über eigene Erfahrungen - in der gebotenen Kürze und Behutsamkeit - vom Heiligen Geist häufig benutzt werde, um uns einen blinden Fleck zu zeigen oder einen vergessenen Winkel des Lebens zu öffnen. Außerdem führe es näher zusammen, da deutlich werde, dass wir vor Gott gleich sind, ganz und gar auf seine Gnade angewiesen. Allerdings distanziert sich Kivengere deutlich von Gruppen, die sich einander alle ihre Probleme und Gefühlsregungen offenbaren, danach wieder alles zusammenpacken und damit nach Hause gehen[9].

Ich erinnere mich an eine Freizeit in Holland, bei der wir das Wirken des Geistes Gottes außergewöhnlich intensiv erlebten. Das führte zu einer großen Ehrlichkeit unter uns Mitarbeitern. Es kamen Dinge zur Sprache, über die wir sonst vermutlich nie geredet hätten. Anschließend sprachen wir mit Gott darüber. Allerdings zeigt das Beispiel von Hananias und Saphira (Apostelgeschichte 5,1-11), dass man selbst in solchen Zeiten nicht vor Heuchelei geschützt ist. Gerade Erweckungszeiten sind, so paradox es klingt, auch Zeiten be-

---

9 Festo Kivengere: Mein Leben soll ein Spiegel sein. R. Brockhaus Verlag Wuppertal 1983

sonderer Gefährdungen. Die Gefahr, die Begleitumstände zu stark zu werten oder gar nachzuahmen, ist dann besonders groß.

Hingabe

Das Feuer Gottes deckt Sünde auf, es reinigt und läutert, haben wir gesagt. Aber wir müssen noch einen zweiten Aspekt ansprechen, der untrennbar zur Berührung mit dem Feuer Gottes gehört: *Hingabe.*

Es gibt ein altes Andachtsbuch von Oswald Chambers, das seit vielen Jahren auch in deutscher Sprache zu haben ist: „Mein Äußerstes für sein Höchstes". Oswald Chambers wurde 1874 in Schottland geboren, fand durch eine Predigt von C.H. Spurgeon zum Glauben an Jesus Christus, studierte Kunstgeschichte, Archäologie und Theologie, reiste als Zeuge von Jesus um die Welt und leitete schließlich mit seiner Frau gemeinsam eine Londoner Bibelschule. Im Ersten Weltkrieg zog er mit seiner Familie nach Ägypten, um den Soldaten an der Front das Evangelium zu verkündigen. Mit großer Liebe setzte er sich für die Menschen ein; mit 43 Jahren starb er. Wer ihm in seinem relativ kurzen Leben begegnete, beschreibt ihn als einen authentischen Menschen, der buchstäblich verkörperte, was er lehrte und predigte. Sucht man nach einem Lebensthema für ihn, so ist *Hingabe* das richtige Wort: Hingabe an Christus! Für ihn schlug sein Herz.

„Mein Äußerstes für sein Höchstes", das klingt extrem, übertrieben, vielleicht sogar fanatisch, aber es beschreibt exakt, wie Gott unser Leben will. Paulus schreibt der Gemeinde in Rom: *Brüder und Schwestern, weil Gott so viel Erbarmen mit euch gehabt hat, bitte und ermahne ich euch: Stellt euer ganzes Leben Gott zur Verfügung! Bringt euch Gott als lebendiges Opfer dar, ein Opfer voller Hingabe, an dem er Freude hat. Das ist für euch der vernunftgemäße Gottesdienst* (Römer 12,1). Vernunftgemäß? Wörtlich steht da: *logikos*. „Ist doch logisch", sagen manche, wenn sie uns klar machen wollen, dass es sich um die einzig vernünftige Entscheidung handelt. Genau das meint auch *logikos*: Auf Gottes unfassbare Liebe zu uns gibt es nur eine *logische* Antwort: Hingabe total.

Doch Vorsicht. Wieder haben wir einen unserer frommen Begriffe vor uns. Es könnte sein, dass er uns zu leicht über die Lippen geht. Hingabe – was ist das? Schauen wir uns das sorgfältig an. Eine schnelle Übertragung könnte lauten: Ab heute investieren wir noch mehr Zeit und Kraft für Jesus! Aber solche Appelle halten nicht, was sie versprechen. Außerdem können sie sehr egozentrisch sein. Schließlich sagen übervolle Terminkalender noch nichts über unsere eigentlichen Motive. Was also ist mit Hingabe gemeint?

Zuallererst müssen wir kapieren, dass Hingabe des Lebens an Gott keine besondere Leistung ist. Es ist die natürlichste Sache der Welt. Weshalb? Die Hingabe an Gott entspricht unserer Lebensbestimmung. Ursprünglich sind wir genau darauf programmiert worden. Haben Sie noch in Erinnerung, was ich im ersten Kapitel geschrieben habe? *Gott schuf den Menschen nach seinem Bild, als Gottes Ebenbild schuf er ihn* (1. Mose 1,27a). Allerdings hat das Virus der Sünde dieses Programm kräftig durcheinander gebracht.

Halten wir also fest: Er ist unser Schöpfer, wir sind seine Geschöpfe. Nirgendwo gewinnen wir mehr Originalität, Lebenssinn und Lebenserfüllung als in der gelebten Abhängigkeit von ihm. Aber auch das Umgekehrte gilt: Machen wir uns stattdessen von etwas Geschaffenem abhängig, werden wir krank. Dazu Leanne Payne: „Der Schlüssel zur Heilung solch verbogener Menschen ist einfach, aber grundlegend und für alle gleich: Er besteht darin, sich völlig von der verkrümmten Haltung vor der Kreatur loszusagen und sich in Christus aufzurichten. Dann, in aufrechter, gerader Haltung, ganz auf Gott ausgerichtet, fallen die Bindungen der alten verkrümmten Haltung von uns ab. Mit gespitzten Ohren, um auch jedes Wort von Gott zu hören, werden wir an den Ort des Werdens gebracht.“[10]

10 Leanne Payne: Heilende Gegenwart. Aussaat Verlag, Neukirchen-Vluyn 1999

In diesem Sinne bringt Hingabe an Gott also unser Leben wieder in die richtige Bahn. Sich an Dinge und Menschen zu binden mag in der Werbung noch so verheißungsvoll klingen – es schädigt und zerstört unser Leben, wir *verkrümmen* uns. Es lohnt sich also, sehr ehrlich zu fragen: *Wem gehöre ich? Für wen lebe ich?* Unterbrechen Sie das Lesen, nehmen Sie sich die erforderliche Zeit dazu.

Ein nächster Schritt könnte sein, sich in der Gegenwart eines Zeugen von falschen Bindungen loszusagen, um in der gewollten Hingabe an Christus die Freiheit zu finden. Jesus sagt: *Wer sündigt, ist ein Sklave der Sünde (...) Wenn der Sohn euch frei macht, dann seid ihr wirklich frei* (Johannes 8,34.36).

Aber bleiben wir sorgfältig, auch im Folgenden! Manchen von uns kommt jetzt vermutlich ein vertrautes Hingabegebet in den Sinn, das mehr oder weniger gekonnt zu sprechen ist. Aber stellen Sie es bitte noch zurück. Schauen Sie sich zunächst einmal an, was Sie Gott geben werden, nehmen Sie sich Zeit dazu. Am besten, Sie greifen noch einmal zu einem Stift und Papier. „Herr, ich gebe mich dir hin" sagt wenig aus, wenn der Satz nur pauschal gesprochen wird.

Es liegt nahe, bei der Hingabe an verschiedene Lebensbereiche zu denken. Halten Sie diese unterschiedlichen Lebensbereiche schriftlich fest. Jedes Leben hat auch eine Lebensstruktur mit Zeit- und Verantwortungsräumen. Auch die sollten Sie sich notieren. Fragen Sie sich weiter, welche Pläne Sie für die Zukunft haben, welche Projekte und besonderen Anliegen. Nicht alles davon taucht in Ihren Zeit- und Verantwortungsbereichen auf, also fügen Sie auch das hinzu. Jetzt sollten Sie an die eher unangenehmen Dinge gehen, Sorgen, die Sie quälen, schmerzhafte Begrenzungen, Stimmungen, Launen und Traurigkeiten. Leider sind wir immer versucht, solche Dinge von der

Hingabe an Gott auszuschließen, schließlich wollen wir sie loswerden. Aber eine solche Entscheidung ist falsch. Die Aufforderung: *Alle eure Sorgen werft auf ihn, denn er sorgt für euch* (1. Petrus 5,7) ist wörtlich zu nehmen. Bei Jesus Christus ist Unangenehmes und Schweres besser aufgehoben als bei uns. Wir sind versucht, solche Dinge zu verdrängen. Weshalb geben wir sie ihm nicht gleich, damit er sie entsorgt?

Aber das alles wird nur gelingen, wenn Jesus, an den wir jetzt denken, nicht ein Produkt unserer Frömmigkeit ist, sozusagen die Eigenschöpfung einer starken Fantasie. Vor einiger Zeit sprach im Rundfunk jemand von der autosuggestiven Kraft des Religiösen. Mit anderen Worten: Wenn ich mir Gott nur richtig vorstelle, sind die Erfolge beachtlich. Auch viele Psychologen sind von den Selbstheilungskräften der menschlichen Psyche beeindruckt und interpretieren in diesem Sinne das Gebet. Aber es kommt jetzt eben nicht auf die Größe Ihrer Vorstellungskraft an, sondern darauf, dass Sie dem großen Gott vertrauen, dessen ständige Gegenwart wir uns im zweiten Kapitel dieses Buches bewusst gemacht haben.

Wenn Sie jetzt also Ihren Zettel nehmen und Ihr Leben mit allem, was darauf steht, in seine Hände legen, damit er es mit seinem Feuer erfüllt, dann vergessen Sie nicht: *Er kann viel mehr an uns tun, als wir jemals von ihm erbitten oder uns ausdenken können* (Epheser 3,20). Bei ihm sind Sie in den besten Händen.

Ich schließe dieses Kapitel mit einem von mir oft zitierten Wort von Corrie ten Boom. Auch das habe ich mir in meine Bibel geschrieben: „Du wirst nie den Sieg erhalten, den Christus dir geben will, wenn du dich ihm nicht ganz auslieferst. Und wenn du das willst, dann tue es jetzt. Gib ihm nicht die Person, die du sein möchtest, sondern die du bist."

Wir zeigen es nur nicht so

Gemeinde mit dem Prädikat: echt

*I*n diesem Kapitel lade ich Sie ein, über sich selbst hinauszusehen. Das geht nicht anders, wenn unsere Frage nach Echtheit wirklich greifen soll. Schließlich sind wir eingebunden in eine Gemeinschaft. Wie ehrlich sind wir da? Wie steht es mit dem authentischen Leben, wenn wir mit denen zusammen sind, die wie wir bekennen, Christen zu sein?

Ich sitze in einem Gottesdienst, irgendwo in Deutschland. Ein Lied von Paul Gerhardt wird gesungen: „Ist Gott für mich, so trete gleich alles wider mich; so oft ich ruf und bete, weicht alles hinter sich. Hab ich das Haupt zum Freunde und bin geliebt bei Gott, was kann mir tun der Feinde und Widersacher Rott?" Ein starkes Lied. Ich schaue mich um. Der Gesang ist dünn. Ich versuche, Einzelne anzusehen – was gar nicht einfach ist. Als es mir schließlich gelingt, kann ich beim besten Willen nicht entdecken, dass der Text eine sichtbare Resonanz bei den Gottesdienstbesuchern findet. Die Gesichter erscheinen merkwürdig unbeteiligt. Bei der Strophe „Mein Herze geht in Sprüngen und kann nicht traurig sein ..." wirkt das geradezu komisch. Schließlich singen wir die letzten Strophe: „Die Sonne, dir mir lachet, ist mein Herr Jesus Christ ..." Aber ich suche vergeblich nach kleinsten Anzeichen eines Lachens auf den Gesichtern und sei es noch so versteckt. Ein echter Gottesdienst? Das kann nicht sein. Entweder ist echt, was ich höre, oder es ist echt, was ich sehe. Ich weiß, das klingt karikierend, ist es aber nicht. Ich habe das wirklich erlebt.

Woran liegt das? Lassen wir unseren Körper zu Hause, wenn wir Gottesdienst feiern? Bleibt unser Gemüt draußen? Wie wollen wir dann Gott mit ganzem Herzen und ganzer Seele lieben (Markus 12,30)? Vieles hat mit unserer Tradition zu tun. Vielleicht spielt auch die Mentalität der Menschen in dieser Gegend eine Rolle. (Ich werde nicht verraten, wo ich gewesen bin.) Vor einiger Zeit lautete die Losung des Tages: *Ich habe mein Herz vor dem Herrn ausgeschüttet* (1. Samuel 1,15). Die Mutter Samuels erklärte dem Priester Eli damit ihr temperamentvolles Beten. Er meinte nämlich, die Frau sei betrunken. Können wir uns vorstellen, wie sie gebetet hat? Da war offensichtlich nicht nur der Kopf beteiligt. Hanna schüttete dem Herrn ihr ganzes Herz aus. Können wir das überhaupt? Im Hebräerbrief heißt es von Jesus, dass er *mit lautem Rufen und unter Tränen* seine Not vor Gott brachte (Hebräer 5,7). Auch das überschreitet bei den meisten von uns die übliche Hemmschwelle.

Weshalb sieht man in vielen Gottesdiensten so wenig Herz? Wäre es wirklich beteiligt, würden wir anders singen und beten. Wer wagt es beispielsweise, die Aufforderung „Nun danket alle Gott mit Herzen, Mund und Händen" wörtlich zu nehmen? Kaum vorstellbar!

Ich denke an unsere Chöre. Es gibt zwar nicht mehr viele, aber wie oft habe ich erlebt, dass die Sänger und Sängerinnen einen Text singen, der nicht einmal ansatzweise in ihren Gesichtern zu lesen ist. Viele Chorlieder sprechen von der Freude Gottes. Aber wenn sie mit versteinerten Gesichtern gesungen werden, muss ich mich entscheiden, ob ich das Lied nun hören oder sehen will. Beides miteinander scheint unvereinbar zu sein.

Nein, ich spreche jetzt nicht nur von der äußeren Form. Wer glaubt, das Problem sei mit mehr Fröhlichkeit und temperamentvollen Ausdrucksformen gelöst, hat mich nicht verstanden. Auch pfingstlerische und charismatische Frömmigkeitsformen können aufgesetzt sein. Wieder geht es um unsere Echtheit, um die Übereinstimmung von Innen und Außen, von Körper und Geist. Wenn Paulus der Gemeinde in Thessalonich wünscht, dass der Gott des Friedens sie *völlig* und *vollständig* heiligt und dabei *Geist, Seele und Leib* bewahrt (1. Thessalonicher 5,23), dann ist darin alles eingeschlossen. Es gibt keine Authentizität ohne diese Stimmigkeit. Dissonanzen im Zusammenspiel von Frömmigkeit, Emotionalität und Körperlichkeit weisen auf ein gespaltenes Leben hin. Hin und wieder bekomme ich zu hören: Das Emotionale liegt uns nicht so, wir sind eher nüchterne Typen. Aber wenn ich dieselben Leute auf Familienfeiern erlebe, kann ich nur staunen, wie ausgelassen sie sein können.

Es reicht nicht, das zu bedauern. Wir müssen wagen, es zu ändern – nicht aufgesetzt und überzogen, sondern eben ehrlich und echt. Es sind immer Einzelne, die damit beginnen. Sie riskieren vielleicht, ins Gerede zu kommen. Aber was echt ist, überzeugt auf Dauer. Es wird sich durchsetzen. Manchmal braucht man einen langen Atem dabei. Aber ich kenne eine Reihe von Gemeinden, in deren Gottesdiensten und Veranstaltungen eine eher zwanghafte Atmosphäre einer befreienden Natürlichkeit gewichen ist. In ihnen lässt sich heute wirklich mit Überzeugung singen: „Nun danket alle Gott mit Herzen, Mund und Händen".

Wenn uns das Alter plagt

Aber woran liegt das, wenn solche Erneuerungsprozesse nicht mehr gelingen? Viele Freikirchen und Gemeinschaften bestehen inzwischen in der vierten, fünften oder gar sechsten Generation, landeskirchliche Gemeinden sind meist noch weit älter. Bei allem Segen, der sich mit der Geschichte einer Kirche oder Gemeinde verbindet, gibt es auch Alterserscheinungen, und über die müssen wir reden. Sie können die Ursache dafür sein, dass unsere Echtheit bzw. Authentizität verloren ging. Ich will das zunächst an Hand von drei Stufen veranschaulichen, die für die Entwicklung mancher Gemeinden typisch sind.

Auf der ersten Stufe kommen Menschen zum Glauben an Jesus Christus und entdecken die geistliche Kraft, die in einem solchen Leben liegt. Sie reden nicht nur davon, sie strahlen dieses Leben geradezu aus. Andere werden davon angesteckt. Es bildet sich eine geistliche Gemeinschaft, geprägt von der Freude über Jesus. Dieses neue Leben unter der Herrschaft Gottes schafft sich seine eigene Form, seine eigene Kultur. Kompromisslos wird umgesetzt, was man in der Bibel entdeckt. Und weil das alles dem pulsierenden Leben entspricht, wird auch die Form nicht als beengend empfunden.

Auf der zweiten Stufe kommt es zu einer gewissen Abkühlung und Erstarrung. Das geistliche Leben ist längst nicht mehr so intensiv wie zu Beginn. Allerdings werden die Lebensformen der ersten Stufe beibehalten, mehr noch: Sie werden verstärkt. Damit bekommt die Form ein Gewicht, das sie vorher nicht besessen hat. Das hat seinen Grund darin, dass innerhalb der Gemeinde die Abkühlung des geistlichen Lebens deutlich empfunden wird. Diesem Prozess will man entgegenwirken, indem man die Form stärkt. Es sind vor allem die Älteren, die sich dankbar an die erste Stufe erinnern, in der das geistliche Leben noch blühte. Dahin will man zurück. Man schreibt die Form fest und hofft, so auch den Inhalt bewahren zu können. In Ordnungen wird schriftlich fixiert, wie sich das Gemeindeleben zu gestalten hat. Und wo das nicht geschieht, sind die ungeschriebenen Vorgaben sogar noch starrer. Jede Veränderung der Form löst endlose Debatten aus. Nur vom eigentlichen Leben ist fast nichts mehr zu spüren. Zwar wird viel davon geredet, aber die Erfahrung bleibt aus.

Damit hat sich die Lebensform zu einer gefährlichen Größe entwickelt, die mehr und mehr die wahre Situation verdeckt. Man tut so, als sei alles in Ordnung. Alles läuft weiter. Das geht so weit, dass die alte Form nicht nur leer, sondern für neues Leben längst hinderlich ist. Wenn Gott der Gemeinde neues Leben schenkt (und sicher gibt es auch auf der zweiten Stufe viele, die sich das wünschen und dafür beten), steht die alte Form vermutlich dem neuen Leben im Weg. In der Kirchengeschichte hat das oft dazu geführt, dass sich neue Gemeinden bildeten.

In dieser Situation wird dann **die dritte Stufe** entstehen. Das ist zum einen die Stufe der Aussteiger. Vor allem junge Leute, die in der Gemeinde aufgewachsen sind, ziehen sich enttäuscht zurück. Im tiefsten Grund sehnen sie sich nach echtem geistlichem Leben. Aber da ihnen fast nur noch die Form begegnet und vom ursprünglichen Leben kaum noch was zu spüren ist, wenden sie sich ab. Sie empfinden das Formale als Einengung. Verbal scheint alles in Ordnung zu sein, die reine Lehre wird nach wie vor gepredigt, aber eine Lehre ohne Leben erscheint ihnen unattraktiv.

Auf dieser dritten Stufe entscheidet sich dann auch der weitere Weg der Gemeinde. Entweder tendiert sie zu einer toten Orthodoxie oder sie wird liberal. Das liegt nahe, denn ethische Regeln ohne ein motivierend geistliches Leben sind kraftlos. Sie vermitteln Enge und nicht das, was sie sind: Gottes gute Lebensordnung für seine Menschen.

Ich weiß, das ist eine grobe Skizze, sie vereinfacht die Wirklichkeit und trifft längst nicht überall zu. Aber sie hilft uns zu erkennen, wie es um uns steht.

Übrigens bin ich nicht der Meinung, dass eine solche Entwicklung zwangsläufig ist. Auch alte Kirchen und Gemeinden können das blühende Leben sein, dafür gibt es zahlreiche Beispiele. Aber das sind sie in der Regel nur, wenn bei ihnen der Inhalt die Form bestimmt und nicht umgekehrt. Wer zeitbedingte Formen wie Sprach- und Musikstile, Kleider- und Sitzordnungen festschreibt und in ihnen die eigentliche Kirche sieht, mag sich zwar erstaunlich lange über Wasser halten, aber das Leben bleibt auf der Strecke. Jesus sagt zwar, dass die Pforten der Hölle seine Gemeinde nicht überwinden werden (Matthäus 16,18), aber unsere institutionellen landeskirchlichen und freikirchlichen Gemeinden hat er damit nicht gemeint. Sie können sterben.

Zeitgebundene Formen

Unzählige Male hat sich dieser Prozess in der Kirchengeschichte wiederholt. Allein diese Tatsache muss uns selbstkritisch gegenüber unseren eigenen Urteilen über neue Gemeinschaften und Gemeinden machen. Die Gefahr, geistliche Aufbrüche als Schwärmerei zu verurteilen und sich ihnen zu verschließen, ist ausgesprochen groß. Sie sind immer auch eine Anfrage an uns und machen uns oft auf eigene Defizite aufmerksam. Unser traditionelles Christsein ist uns mit den Jahren vertraut geworden, aber nicht alles, was den eigenen Erfahrungshorizont sprengt, muss falsch sein. Wir haben unsere Erfahrungen immer wieder an den Worten der Bibel zu prüfen und nicht umgekehrt. Vielleicht verstehen wir uns nur deshalb so gut mit unseren Gründervätern, weil sie so lange vor uns gelebt haben. Könnten sie sich heute in unsere Arbeit einmischen, käme es vermutlich zu Konflikten mit ihnen. Männer wie der Missionar Frederic Fransson (1852–1908), durch den viele Missionsgesellschaften entstanden, wurden von ihren Mitchristen heftig kritisiert. Auch William Booth (1829–1912), der Gründer der Heilsarmee, wurde nicht verstanden, und nicht viel anders ging es dem Grafen Nikolaus Ludwig von Zinzendorf (1700–1760). Sie alle hatten viele Fromme gegen sich. Heute findet man ihre Bilder würdevoll gerahmt in den Sälen und Fluren christlicher Häuser, aber damals nannte man sie Schwärmer, Sektierer und Störenfriede.

Nun ist mit einer alternden und schwerfälligen Frömmigkeit kaum jemand zufrieden. Selbst die, die nichts geändert haben wollen, wirken meist lustlos und unmotiviert. Aber was lässt sich dagegen tun?

Gibt es ein wirksames Mittel zur Verjüngung der Gemeinden? Gibt es so etwas wie ein Gegenmittel zur geistlichen Erkaltung? Wie kann eine Gemeinschaft von Christen ihr Leben und ihre Anziehungskraft zurückgewinnen?

Für viele liegt die Antwort auf diese Fragen in der Neugestaltung festgefahrener Formen, und das ist nicht aus der Luft gegriffen. In dem beschriebenen Stufenmodell zeigt sich bereits auf der zweiten Stufe, dass hier Formen und Ordnungen der Gemeinde falsch gewichtet werden. Wenn Strukturen geistliches Leben behindern, muss man sie ändern. Nicht umsonst stießen die Willow-Creek-Kongresse in Deutschland auf ein so großes Interesse. Dass Gemeinden kulturelle Relevanz brauchen, wenn sie ihre Zeitgenossen mit dem Evangelium erreichen wollen, leuchtete vielen ein. Folglich beginnen wir nun unsere Gottesdienste so zu gestalten, dass sie für möglichst viele Zeitgenossen anziehend werden. Zweifellos macht das Sinn. Schließlich können Kirchen und Gemeinden mit den Jahren geradezu exotische Lebensformen entwickeln und die Alteingesessenen merken es nicht einmal. Oft liegt der Grund für eine solche Entwicklung in einem falschen Traditionsverständnis. Anstatt vom Glaubensmut unserer geistlichen Väter und Mütter zu lernen, tradieren wir ihre Lebensformen. Aber wer sein will wie die Väter, muss eben anders sein als sie. Mit der Sprache, Musik oder Kleiderordnung unserer Gründerväter haben wir noch nicht ihre geistliche Lebenskraft übernommen. Der Inhalt der Guten Nachricht Gottes bleibt unverändert gültig, bis er wiederkommt. Aber die Formen, in denen wir diese Nachricht weitergeben, sind zeitgebunden und veränderbar. Sie müssen es sein, wenn wir unsere säkularisierte Umgebung mit dem Evangelium erreichen wollen. Sie müssen es auch für uns selbst sein, denn nur wenn sie Teil unserer eigenen Ausdrucksform sind, wird ihr Inhalt seinen Sitz in unserem Leben haben.

Aber neue Formen – so wichtig sie auch sein mögen – schaffen kein neues Leben! Auch das zeigt das Stufenmodell. Keine noch so lebendig wirkende Struktur ist gegen Entleerung gefeit. Selbst das spontane Singen, Beten und Hallelujarufen kann zur leeren Form entarten. Es liegt in der Natur der Sache, dass gerade geistlich erkaltete Bewegungen in erster Linie von Menschen und Methoden Hilfe erwarten. Daran hat sich seit den Tagen des Alten Testamentes nichts geändert. Damals war es Ägypten (Jesaja 30,1+2), bei dem das Volk Gottes Beistand suchte, heute sind es die Methoden und Erkenntnisse der Fernsehmoderatoren, der Manager und Psychologen. Ich schätze und achte das Wissen dieser Leute, und so weit es dem Bau des Reiches Gottes dient, sollten wir es fröhlich gebrauchen. Aber die Heilung erkalteter und erstarrter Christen und Gemeinden werden wir bei ihnen nicht finden. Ein guter Moderator ist eben noch kein geistlicher Leiter, ein guter Manager noch kein biblischer Gemeinde- oder Kirchenältester und ein psychologisch ausgebildeter Berater noch kein vollmächtiger Seelsorger. Noch einmal: Ich weiß, dass wir von diesen Leuten lernen können, und manchem Pfarrer, Ältesten und Seelsorger würde das gut tun. Es ist der Austausch der Grundlagen, der mir Sorge macht. Worauf hoffen wir? Aus welchen Quellen leben wir? Jesus sagt: *Wer Durst hat, der komme zu mir und trinke* (Johannes 7,37). Darum geht es.

Nun ist der Hinweis auf Jesus für fromme Ohren nicht aufregend neu und ich habe Sorge, dass er zu schnell als erledigt abgehakt wird. Aber gerade mit einer solchen Reaktion wird das eigentliche Dilemma einer erkalteten Frömmigkeit deutlich. Wir haben das Staunen über Jesus verloren. Das Evangelium klingt in unseren Ohren so sehr richtig, dass es uns schon langweilt. Was ist da passiert? Woher rührt diese Haltung, die zwar an biblischen Positionen festhält und notfalls für sie streitet, aber im praktischen Leben kaum noch Erfahrungen aufzeigen kann?

Ich will diese Frage mit dem Hinweis auf fünf biblische Begriffe beantworten, deren Substanzverlust in manchen christlichen Kirchen, Gemeinden und Gemeinschaften nach meiner Erkenntnis ein deutliches Alarmzeichen geistlicher Erstarrung ist.

Ich weiß, die Zahl derer, die aufgrund einer gesetzlichen Erziehung ihre Angst vor Gott nicht loswerden, ist immer noch groß. Väter und Mütter, die Gott als Drohmittel missbrauchten, haben großen Schaden angerichtet – auch in der evangelikalen Welt. Nein, ich bin ganz und gar nicht dafür, den Menschen Angst vor Gott zu machen. Angst blockiert das Vertrauen. Aber inzwischen ist der Trend umgeschlagen. Auf Kanzeln und an Familientischen begegnet uns heute oft ein Gott, der in seiner Güte und Barmherzigkeit beide Augen zudrückt und Sünde geflissentlich übersieht. Wir reden vom *lieben* Gott – aber den gibt es nicht. Es gibt einen Gott der Liebe und der ist zugleich heilig und gerecht. Er lässt keine Sünde ungestraft. Wer die Gerechtigkeit Gottes unterschlägt oder mit zarten Pastellfarben übermalt, macht sich schuldig und wird dafür einmal zur Verantwortung gezogen werden. Das gilt besonders für die Prediger des Evangeliums. Gott nimmt jede Sünde ausgesprochen ernst; so ernst, dass uns nicht die geringste Chance zum Überleben bleibt. Wer sündigt, muss sterben – ewig.

Es gibt nur einen Ort, an dem die Spannung zwischen dem gerechten und barmherzigen Gott gelöst wird, das ist das Kreuz von Jesus Christus. Dort wird Sünde weder verharmlost noch verniedlicht. Sie wird so ernst genommen, dass der Sohn Gottes dafür sterben muss. *Gott ist Liebe* steht im Johannesbrief (1. Johannes 4,16). Aber es gibt keinen Gott der Liebe ohne Golgatha!

Nun werden Sie fragen, was das mit unserem Thema zu tun hat. Sehr viel. Wer die Sünde verharmlost, macht die Erlösung durch Jesus Christus bedeutungslos. Wer die Hölle unterschlägt, wird auch mit der rettenden Liebe Gottes nichts mehr anfangen können. Das Kreuz Christi verblasst damit zu einem dogmatischen Anhängsel, das uns im Leben nicht weiter berührt. Damit bleibt die Gnade Gottes auf der Strecke.

Die Folgen sind unübersehbar. Wir verlieren die Freude am Evangelium. Dankbarkeit gegenüber Gott zeigt sich nur noch in der vertrauten Begrifflichkeit unserer frommen Sprache, aber unsere Herzen berührt sie nicht mehr. Wir werden stumpf und unerreichbar für die Liebe Gottes. Was lässt sich dagegen tun?

Wir brauchen Leiter und Mitarbeiter, denen man abspürt, dass sie die Sünde und Verlorenheit der Menschen noch ernst nehmen. Damit plädiere ich nicht für drastische Höllenbeschreibungen. Es gibt ein angemessenes Reden über den Zorn Gottes und die ewige Verdammnis. Unsere Verkündigung muss auf das Gewissen der Menschen zielen und Sünde beim Namen nennen. Nur dann können wir auch mit großer Überzeugung und Freude die überwältigende Gnade Gottes predigen, die den Menschen gerecht spricht, ohne dass er es verdient hätte.

Aber dazu brauchen wir mehr als gute Predigtkonzepte. Auch hier brauchen wir das Feuer Gottes, um selbst von seiner heiligen Gerechtigkeit und seiner rettenden Liebe überwältigt zu werden. Wir müssen ihm unsere kalten Herzen bekennen. Wer Gott seine innere Armut und Kaltherzigkeit eingesteht, dem kann geholfen werden. Gott selbst wird ihm helfen. Die Bitte um den Heiligen Geist, der uns Jesus vor Augen malt (Johannes 14,26) und mit Gottes Liebe erfüllt (Römer 5,5) ist eine Bitte nach dem Willen Gottes (Lukas 11,13) – und sie wird erhört.

Echte *Demut* redet sich nicht klein

Eigenartig: Gerade Christen und Gemeinden, die bestrebt sind, ihr persönliches und gemeinsames Leben nach der Bibel auszurichten, neigen zum Hochmut. Das ist eine steile Behauptung, und sie wird manchen verärgern. Aber wenn es um die Frage nach der Echtheit unseres Lebens geht, müssen wir ehrlich sein und brauchen den Mut, auch über unsere blinden Flecken zu reden.

Je länger eine Gemeinschaft von Christen existiert, desto größer ist die Gefahr, den Grad ihrer Frömmigkeit zum Maßstab ihrer Heiligkeit zu machen. Wir neigen alle dazu. Oft unbemerkt schleicht sich über diese Schiene ein Verdienstgedanke ein, der uns den Blick für das *sola gratia* (allein aus Gnade) raubt. Auf diese Weise entsteht gerade bei pietistisch und evangelikal geprägten Christen ein Bewusstsein, dem Herzen Gottes ein wenig näher zu sein als andere Christen. Das Pharisäerhafte steckt tief in uns und weil es sich fromm gibt, erkennen wir es nicht immer.

Damit sind wir bei einem notvollen Kapitel. Wie viel gegenseitige Verurteilung gibt es unter den Frommen? Der Freikirchler sieht sich mit seinem Gemeindeverständnis dem Herzen Gottes näher als seine landeskirchlichen Schwestern und Brüder, und der Landeskirchler ist überzeugt, dass seine Kirche die eigentliche ist. Andere spielen sich als Gottes Wächter auf und anstatt nach offenen Türen für das Evangelium Ausschau zu halten, kontrollieren sie ihre Schwestern und Brüder, um ihre vermeintlichen Fehlentwicklungen an den Pranger zu stellen. Wie viele Bücher werden darüber geschrieben, wie viele Kassetten in Umlauf gebracht! Dabei beschwören wir unsere guten und frommen Motive, aber unsere kritischen Aktionen verletzen mehr, als dass sie helfen. Paulus schreibt: *Urteilt nicht vorzeitig, bevor Christus kommt, der das Verborgene ans Licht bringt und die geheimsten Gedanken enthüllen wird* (1. Korinther 4,5). Warum hören wir nicht auf ihn?

Wer seine eigene Schrifterkenntnis zum Maßstab für andere macht, hat das Maß für sich selbst verloren und handelt aus einem hochmütigen Herzen. Hier hat die gegenseitige Verurteilung unter den Frommen ihre eigentliche Wurzel. Wir verketzern einander und missbrauchen Gottes Wort für unsere egozentrischen Ziele. Aber Hochmut - auch in seiner frommen Prägung - blockiert den Segen Gottes. Die Bibel ist da unmissverständlich (1. Petrus 5,5; Jakobus 4,6). Wir können nicht mit Gottes Segen rechnen, wenn wir offen oder versteckt meinen, wir seien die besseren Christen.

Wir brauchen echte Demut. Nur in der Demut können wir auf die erneuernde Kraft Gottes hoffen und um sie bitten. Echte Demut wächst aus der engen Beziehung zu Gott selbst. Wer sie ohne ihn anstrebt, gerät in die verführerische Haltung der Selbstverkleinerung, hinter der wiederum viel Hochmut stecken kann. Zur Demut werden wir nur finden, wenn wir radikal unsere eigenen Motive hinterfragen und vor Gott bekennen. Das ist ein schmerzhafter Weg, aber er verspricht Heilung.

Ehrlich und *wahrhaftig*

Das Neue Testament spricht davon, dass Christen eine Gemeinschaft im Licht sind (1. Johannes 1,7). Dabei ist nicht jenes Bühnenlicht gemeint, in das wir uns geschickt rücken und in dem wir uns von unserer besten Seite zeigen, sondern das klare und aufdeckende Licht Gottes. In ihm werden auch die schwachen und sündigen Seiten unserer Persönlichkeit sichtbar. Ein solches Licht lässt sich nur in einer Gemeinschaft aushalten, die von der Vergebung Gottes lebt und in der man sich gegenseitig vergibt. Aus diesem Grund ist in 1. Johannes 1,7 nicht nur von der Gemeinschaft im Licht, sondern ebenso vom reinigenden Blut des Jesus Christus die Rede.

Schon im vorhergehenden Kapitel habe ich betont, dass Zeiten der Erweckung fast immer auch Zeiten großer Wahrhaftigkeit voreinander waren. Erweckte Menschen verloren ihre Angst und bekannten ihre Schuld. Sie schafften es, voreinander schwach zu sein, und fanden Vergebung und gegenseitige Annahme. Bestimmt eine solche Haltung der Offenheit und gegenseitigen Annahme noch das Klima unseres gemeinsamen Lebens? Gibt es nicht auch unter uns Frommen viel diplomatisches Taktieren?

Manch einer wird mir jetzt sagen, dass politisches Geschick halt dazugehöre und nicht zu verurteilen sei. Aber hält diese Einstellung neutestamentlichen Maßstäben stand? Warum reden wir nicht offener miteinander und sagen uns in Liebe, was wir denken? Warum muss man so vieles zwischen den Zeilen lesen oder über andere erfahren? Vor einiger Zeit stieß ich einmal wieder auf die Sätze des oberbergischen Pfarrers Jacob Gerhard Engels (1826–1897): „Ich will so gegen jedermann gesinnt sein, dass ich mich vor ihm nicht zu schämen brauche, wenn ich ihm in der Ewigkeit begegne (...) Ich will nichts sagen, was mich hebt, und ebenso nichts, was einen anderen heruntersetzt, es sei denn durchaus notwendig." Wie dringend brauchen wir diesen verantwortlichen Umgang miteinander! Wie viel Misstrauen wächst aus unwahrhaftigen Gesprächen übereinander, in Gruppen, Gemeinden und Leitungsgremien!

Das Klagen darüber ist keine Hilfe, zumal es nichts ändert. Außerdem macht es blind für die eigenen Schuldanteile. Zu mehr Wahrhaftigkeit finden wir nur, wenn Sie und ich eigene Schritte wagen. Dabei setzen wir uns dem Risiko aus, nicht verstanden zu werden und als blauäugig zu gelten. Bei einem wahrhaftigen Umgang miteinander bleibt die Kirchendiplomatie auf der Strecke. Aber müsste das unter Schwestern und Brüdern nicht trotzdem möglich sein? Gottes Geist liebt die Eindeutigkeit. Mit unechtem Reden und Verhalten blockieren wir ihn.

Glaube – die höchste Form von Abhängigkeit

Glaube gehört zum Einmaleins des Christseins. Wenn ein Mensch sich bekehrt hat, sagen wir, dass er *gläubig* geworden ist, und um zu betonen, dass es dabei nicht nur um ein punktuelles Erlebnis geht, reden wir von *Glaubenden*. Das scheint unter Pietisten und Evangelikalen unumstritten zu sein. Weshalb also die besondere Erwähnung des Glaubens?

Glaube ist die höchste Form der Abhängigkeit von Gott. Mit ihm wird nicht nur der Anfang des neuen Lebens beschrieben, sondern auch das Bleiben in Christus. Damit kommen wir nun noch einmal zum Kern der Frage nach Erweckung und Erstarrung von Gemeinden.

Das Neue Testament spricht mit großer Radikalität vom Glauben. Glaube ist rückhaltloses Vertrauen zu Gott. Früher habe ich gepredigt, dass Jesus Christus der erste Platz in unserem Leben zusteht. Seit vielen Jahren sage ich das nicht mehr. Jesus Christus steht mehr zu als der erste Platz. Er ist nicht nur die Nummer eins, er will alles in allem sein. Das Einräumen eines ersten Platzes geht von einer Prioritätenliste aus, bei der Jesus ganz oben steht. Aber ihm soll mein ganzes Leben gehören. Das ist radikaler Glaube und damit Glaube nach dem Neuen Testament. Wie steht es damit unter uns? Liegt nicht das Problem der geistlichen Erstarrung in der Halbherzigkeit unseres Glaubens? Ist das Christsein nicht auch bei uns zum Kulturgut geworden, das wir pflegen und durchaus ernst nehmen, das uns aber ansonsten wenig berührt? Sind unsere Wertmaßstäbe wirklich so ganz anders als die unserer Gesellschaft? Bestimmt nicht auch uns das Denken unserer Wohlstandsgesellschaft? Sitzen die Bilder der Unterhaltungsindustrie nicht auch tief in uns und bestimmen unsere Phantasie? Ist Gott wirklich der Herr unseres Lebens? Das alles sind schwerwiegende Fragen, und sie anderen stellen, heißt, sie sich selbst stellen.

Manchmal habe ich darüber nachgedacht, wo genau die Weichenstellung liegt, die aus einer lebendigen Bewegung eine sterbende Bewegung werden lässt. Ich bin sicher, dass sie zunächst sehr verborgen und fast unmerklich erfolgt. Oft beginnt es damit, dass eine Bewegung ihr geistliches Leben in den Mittelpunkt ihrer Frömmigkeit stellt und nicht mehr den, der ihr das Leben gab. Wo die Gabe geehrt wird und nicht mehr der Geber, verlischt das Feuer. Ganze Erweckungsbewegungen sind auf diese Weise dem Reich Gottes verloren gegangen. Nur so ist es zu erklären, dass geistliche Aufbrüche manchmal geradezu einen verführerischen Charakter angenommen und im Volk Gottes großen Schaden angerichtet haben.

Jesus Christus ist der Herr aller Herren. Ihm gehören unsere Treue und unser Vertrauen. Daran hängt unser Leben. Jede kleinste Abweichung von ihm bremst und blockiert geistliches Leben. An der unmittelbaren Gemeinschaft mit Jesus entscheidet sich die Lebensfähigkeit unserer Kirchen und Gemeinden.

Gehorsam – der Schlüssel zur Erfahrung

Zum Schluss soll nun noch einmal vom Gehorsam die Rede sein. Das ist nicht zu umgehen, wenn wir über geistlich lebendige und wache Christen und Gemeinden nachdenken.

Wir betonen die Autorität der Bibel. Doch Schriftgehorsam ist mehr als die Bejahung einer offiziellen Erklärung zum Schriftverständnis. Gehorsam hat mit dem Leben zu tun, und deshalb lautet die auch in diesem Buch schon gestellte Frage: Leben wir, was wir glauben? Die Verheißungen Gottes gelten nicht denen, die das Wort Gottes wissen, sondern denen, die es tun (Matthäus 7,24).

Lassen Sie mich ein Beispiel gebrauchen: Schon als Kind gehörten Atlanten zu meinen Lieblingsbüchern. Mit dem Finger auf der Karte reiste ich durch fremde und geheimnisvolle Kontinente. Aber auf Dauer hätten mich diese Phantasiereisen nicht zufrieden gestellt. Irgendwann habe ich mich tatsächlich auf den Weg gemacht. Ich habe fremde Länder mit meinen eigenen Augen gesehen, ihren Klang gehört und ihre Luft geschnuppert. Das war unvergleichlich mehr als die Reise mit dem Finger über die Landkarte. Mit dem Atlas erlebte ich die Länder in der Theorie, jetzt machte ich wirkliche Erfahrungen in ihnen. Es reicht einfach nicht aus, ein bibeltreues Schriftverständnis zu haben. Wir brauchen Erfahrungen mit der realen Welt Gottes und die machen wir nur, wenn wir ihm gehorchen und aufbrechen.

Vorbehaltloser Gehorsam würde auch im gemeinsamen Leben der Christen vieles verändern. Streitigkeiten würden eher geschlichtet, ethische Fragen klarer beantwortet, theologische Spannungen besser gelöst. Wie enttäuscht bin ich manchmal aus zerstrittenen Gemeinden nach Hause gefahren, weil Christen, die ansonsten für die Wahrheit der Schrift eintreten, im Blick auf ihr eigenes Verhalten den Geboten Gottes blind gegenüberstanden. Bibelworte, die von gegenseitiger Hochachtung (Epheser 2,3) sprechen, schienen für sie in der konkreten Situation nicht anwendbar zu sein. Auch die ethischen Anweisungen Gottes für den sozialen, wirtschaftlichen und sexuellen Bereich scheinen für manche Christen in einer Gesellschaft, die mehrheitlich nach anderen Gesichtspunkten lebt, nicht zu gelten. Aber wann gelten sie dann?

Als sie zum Glauben an Jesus Christus kam, erzählt Leanne Payne, habe sie jedes an uns gerichtete Gebot der Bibel *personifiziert*. Das heißt: Sie richtete es namentlich an sich selbst und schrieb es in ihr Gebetstagebuch. Anschließend meditierte sie über diese Gebote und bat Gott, ihr zu zeigen, wie sie es am besten umsetzen könne.[11] Evangelikale Christen stehen heute in der Gefahr, diese Lebensgesetze Gottes zu unterschlagen. Dahinter steht ein Missverständnis über das Verhältnis von Gesetz und Evangelium. Singen wir denn nicht mit Recht: „Allein deine Gnade genügt"? Ja, aber diese Gnade wird billig, wenn ihr nicht ein an Gottes Geboten ausgerichtetes gehorsames Leben folgt. In dem beliebten und schon mehrfach zitierten 15. Kapitel des Johannesevangeliums steht der Satz: *Wenn ihr meine Gebote befolgt, dann bleibt ihr in meiner Liebe, so wie ich die Gebote meines Vaters befolgt habe und in seiner Liebe bleibe.* Jesus sagt das, und anschließend redet er allen Ernstes von der Freude: *Ich habe euch dies gesagt, damit meine Freude euch erfüllt und an eurer Freude nichts mehr fehlt* (Johannes 15,10.11). Im 1. Johannesbrief steht sogar die unglaubliche Aussage: *Die Liebe zu Gott ist nur echt, wenn wir nach seinen Geboten leben. Und seine Gebote sind nicht schwer zu befolgen* (5,3). Was hat das alles mit Gnade zu tun? Widerspricht dieser Satz außerdem nicht jeglicher Erfahrung? Wie oft scheitern wir gerade an den Geboten Gottes, empfinden sie als Zwangsjacke, die unser Leben einengt und nicht befreit!

Vielleicht hilft uns hier ein Bild weiter: Stellen Sie sich einmal den Menschen vor, den Sie am meisten lieben: Was unternehmen Sie nicht alles, um ihm zu gefallen! Lieben Sie ihn wirklich, so lesen Sie ihm seine Wünsche von den Augen ab. Ist Ihnen aufgefallen, dass es auch in Johannes 15 und 1. Johannes 5 um eine Liebesbeziehung geht? Lieben wir Jesus, dann haben wir eine ganz erstaunliche Ener-

---

11 Leanne Payne: Heilende Gegenwart

gie, nach seinen Geboten zu leben. Er hat uns zuerst geliebt, deshalb lieben auch wir (1. Johannes 4,19)! Das ist die Kernaussage. Ehepartner, die einander nicht treu sind, mögen noch so viel von Liebe reden – man glaubt ihnen nicht. Auch gesetzlose Christen sind fromme Sprücheklopfer, unehrlich und unecht. *Billige Gnade* nannte Dietrich Bonhoeffer eine Gnade ohne Nachfolge. Eine solche Gnade versucht die Sünde zu rechtfertigen und nicht den Sünder. *Teure Gnade* ist nach den Worten Bonhoeffers stattdessen der verborgene Schatz im Acker, um dessentwillen der Mensch hingeht und mit Freuden alles verkauft, was er hat.[12]

Warum begreifen wir eigentlich nicht, dass die Langeweile, die in manchen christlichen Kreisen um sich greift, die Folge eines halbherzigen und geteilten Gehorsams ist? Die Jünger von Jesus hätten die Kraft Gottes niemals kennen gelernt, wären sie bei ihren Netzen am Seeufer geblieben. Nur weil sie alles verließen und Jesus vorbehaltlos folgten, machten sie überwältigende Erfahrungen mit ihm.

Ich lade Sie ein, den Inhalt dieser fünf Begriffe in Form eines persönlichen Gebetes nachzusprechen:

1. Herr, die Antwort auf unsere Schuld ist nicht die Bagatellisierung der Sünde, sondern deine *Gnade*. Vergib mir die Leichtfertigkeit, mit der ich sündige und deine Vergebung beanspruche.
2. Herr, die Ursache oder Verschärfung von Auseinandersetzungen, an denen ich beteiligt war, hatte so oft mit meinem Stolz zu tun. Entlarve diese verborgenen Wurzeln und gib mir die Kraft, *demütig* zu sein, selbst wenn ich das Gefühl habe, dabei den Kürzeren zu ziehen.
3. Herr, ich habe Angst, Schwäche zu zeigen und mich damit verwundbar zu machen. Die Folgen sind oft Heuchelei und

12 Dietrich Bonhoeffer: Nachfolge. Gütersloher Verlagshaus, Gütersloh 2002

Unehrlichkeit. Hilf mir, in Begegnungen und Gesprächen *wahrhaftig* und eindeutig zu sein. Dazu brauche ich deinen Geist.

4. Herr, in der Theorie bin ich schnell mit dem Glauben, aber in der Praxis fällt mir das Vertrauen auf dich schwer, besonders dann, wenn die Umstände dagegen zu sprechen scheinen. So bete ich wie jener Vater: Ich *glaube*; hilf meinem Unglauben! (Markus 9,24; Luther).
5. Herr, ich will nicht große Worte verlieren, sondern tun, was du sagst. Gnade ohne Nachfolge ist billige Gnade. So hilf mir, dir gehorsam zu folgen – bei den großen, aber auch den kleinen Schritten meines Lebens.

Die Bekehrung der Gemeinde

Kehren wir zurück zur Ausgangsfrage: Gibt es ein kirchengeschichtliches Gesetz, das aus einer lebendigen Bewegung ein schwerfälliges und erstarrtes Kirchengebilde werden lässt? Ist eine solche Entwicklung zwangsläufig und festgeschrieben? Nein! Noch einmal sage ich mit großer Überzeugung: Nicht das Alter einer Kirche oder Gemeinde entscheidet über ihren geistlichen Zustand, sondern allein ihre Nähe zu dem Herrn Jesus Christus.

Aber mit einer solchen Feststellung müssen wir sehr vorsichtig sein. Ihr vertrauter Klang darf uns nicht über unsere wahre Situation hinwegtäuschen. Es gibt eben nicht nur die Gefahr des Liberalismus, der Bibelkritik und der Schwärmerei, es gibt auch jene Rechtgläubigkeit, die echtes geistliches Leben aus dem Blick verliert – und sie ist nicht weniger schlimm. Wissen wir noch, wie sehr wir auf die Kraft Gottes angewiesen sind, oder setzen wir auf unsere eigene Kraft?

Sind Gnade, Demut, Wahrhaftigkeit, Glaube und Gehorsam noch in unseren Reihen erfahrbar oder sind sie zu leeren Worthülsen geworden – häufig gebraucht, aber ihres Inhalts beraubt?

Francis Schaeffer schlägt uns in seinem Buch „Geistliches Leben – was ist das?" einen eigentümlichen Test vor. Er schreibt: „Stellen wir uns einmal vor, wir wachten morgen früh auf, öffneten die Bibel und stellten fest, dass zwei Dinge herausgenommen worden sind. Nicht, wie die Liberalen sie herausstreichen, sondern wirklich herausgenommen. Stellen wir uns vor, Gott hätte sie entfernt. Der erste Punkt sei die wirkliche Kraft des Heiligen Geistes und der zweite Punkt die Realität des Gebetes. Folglich würden wir weiter den Befehlen der Schrift gehorchen und auf der Basis dieser neuen Bibel zu leben beginnen, die nichts über die Kraft des Heiligen Geistes und nichts über die Kraft des Gebetes aussagt. Ich möchte Ihnen eine Frage stellen: Würde sich dadurch morgen unser Leben wirklich von dem Leben unterscheiden, das wir gestern noch geführt haben?"[13]

Damit sind wir beim springenden Punkt. Wir lesen die Bibel, wir predigen, wir treten für das richtige Schriftverständnis und die rechte Lehre ein, aber was erwarten wir bei alledem wirklich vom Geist Gottes? Oder haben wir inzwischen alles so durchorganisiert, dass es auch ganz gut ohne ihn läuft? Keine Frage: Aktionen kriegen wir hin, spannende und interessante Programme auch, selbst die Mitgliederzahlen lassen sich steigern. Schließlich gelingt das ja auch den Sekten. Aber eines wird uns niemals möglich sein, und seien wir noch so begabt: Wir können das Herz eines Menschen nicht für das Evangelium öffnen, das kann nur Gottes Geist. *Der Herr öffnete ihr das Herz*, wird von der ersten Christin in Europa gesagt (Apostelge-

---

13 Francis Schaeffer, Geistliches Leben – was ist das? R. Brockhaus Verlag Wuppertal 1982

schichte 16,14b). Paulus war darauf angewiesen, und wir sind es auch.

Was wir brauchen, ist eine Umkehr zu dem Lebendigen! Als christliche Gemeinde? Ja, auch eine ganze Gemeinde kann sich bekehren, manchmal muss sie es sogar. Damit meine ich nicht, dass wir dabei auf das letzte Gemeindemitglied zu warten haben. Außerdem wäre es falsch, anderen das, was wir selbst erkannt haben, einfach überzustülpen. Wenn Gemeindemitglieder begreifen, dass sich bei ihnen etwas ändern muss, sollten sie anschließend nicht als Gerichtspropheten auftreten und alle verurteilen, die das anders sehen. Auch dahinter versteckt sich oft eine gehörige Portion Selbstgefälligkeit und pharisäisches Denken. Es kommt darauf an, dass der Geist Gottes in der Gemeinde wirkt und sie nach *seinen* Wünschen gestaltet. Deshalb sollten wir ihm das Feld überlassen. Wenn er bei uns mit seiner Arbeit begonnen hat, nehmen wir das demütig an und bitten ihn, den Prozess fortzusetzen.

Aber wie bei einem persönlichen Hingabegebet kann auch ein Leitungskreis dem Herrn der Gemeinde sagen:

> *Herr, vergib uns, dass wir manchmal so auftreten, als gehöre die Gemeinde uns, als müssten wir alles in der Hand behalten, Probleme lösen, die Zukunft gestalten. Wir bitten dich, nimm diese Gemeinde neu in deine Hände. Wir treten in die zweite Reihe zurück und bitten dich, dass du ihre Leitung übernimmst. Auf dich wollen wir hören, dir gehorchen und die uns anvertrauten Gaben und Begabungen zu deiner Ehre gebrauchen. Fülle diese Gemeinde neu mit deinem heiligen Geist, bewohne und gestalte sie und damit auch uns.*

Auch Hauskreise können so beten, Teenager- und Jugendkreise, Mitarbeiter und Mitarbeiterinnen für ihre jeweiligen Verantwortungsbereiche, wo immer sie tätig sind. Mag sein, dass das doch eigentlich das Normale ist, aber gerade deshalb: Lasst es uns tun! Eine solche

Hingabe der eigenen Arbeit, des Kreises und der Gemeinde macht uns auch als Verantwortungsträger neu bewusst: Wir marschieren immer in der zweiten Reihe und müssen niemals ganz vorne sein. Vor uns geht der Herr, er ist der Herr seiner Gemeinde!

Bühnenrollen

Aber zur Umkehr zum Herrn der Gemeinde gehört auch die Erneuerung der Beziehungen innerhalb der Gemeinde. Der 1. Johannesbrief ist da schonungslos: *Wenn jemand behauptet: Ich liebe Gott und dabei seinen Bruder hasst, dann lügt er. Wenn er seinen Bruder, den er sieht, nicht liebt, dann kann er Gott, den er nicht sieht, erst recht nicht lieben* (1. Johannes 4,20). Hin und wieder wird mir von enttäuschten Christen gesagt, dass ihnen der Umgang mit Nachbarn und Kollegen leichter falle als der Umgang mit geistlichen Schwestern und Brüdern. Glücklicherweise gibt es auch gegenteilige Erfahrungen. Aber bleiben wir einmal dabei. Weshalb tun sich überzeugte Christen oft so schwer miteinander?

Zum einen liegt es sicher daran, dass wir uns mit zu hohen Erwartungen begegnen. Selbstverständlich wissen wir, wie christliche Liebe auszusehen hat. Folglich erwarten wir sie auch von unseren Schwestern und Brüdern. Da sie aber dieser Erwartungshaltung nicht entsprechen, sind wir verstimmt und es kommt zu Spannungen. Da ist die Begegnung mit Leuten, die keine Christen sind, unkomplizierter und vor allem realistischer. Bei ihnen registrieren wir dankbar jeden freundlichen Blick und jedes wohlmeinende Wort. Oft geben wir uns dort auch lockerer, die Begegnungen finden an alltäglichen Orten und nicht im sonntäglichen Gemeinderahmen statt.

Aber bei Begegnungen mit unseren geistlichen Schwestern und Brüdern kommt noch etwas anderes hinzu, und zwar die Angst, sich eine Blöße zu geben. Der Grund liegt diesmal nicht in unseren Erwartungen an sie, sondern umgekehrt in ihren Erwartungen an uns. Wir wollen ihnen möglichst entsprechen und dabei nicht schlecht abschneiden. Da uns das aber nicht immer gelingen kann, müssen wir eben so tun, als entsprächen wir ihnen. Die Folge: Wir bewegen uns wie Schauspieler auf der Bühne. Jeder möchte eine möglichst gute Figur machen und den anderen in seinen Erwartungen nicht enttäuschen. Es ist paradox: Gerade auf diese Weise täuschen wir sie.

Damit komme ich auf etwas zurück, was uns schon im zweiten Kapitel beschäftigt hat. Schauen wir uns das jetzt genauer an: Auf der Bühne kann man hervorragende und beeindruckende Stücke spielen, aber *echte* Gemeinschaft haben kann man dort nicht. So lange sich Schauspieler in ihren Rollen begegnen, begegnen sie sich ja nicht wirklich. „In echt?", fragte eine unserer Töchter früher, wenn ich ihr eine spannende Geschichte erzählte. Nein, *in echt* führen wir auf der Gemeindebühne nur ein Bühnenstück auf, das echte Leben spielt sich hinter der Bühne ab. Mag sein, dass das überzeichnet ist, aber dann hilft es uns zu erkennen, woran unsere Beziehungen kranken.

Nehmen Sie einen Hauskreis: Menschen unterschiedlichen Alters sprechen über einen Bibeltext. Fragen tauchen auf, Antworten werden gegeben. Ein solches Gespräch bietet eine große Chance. Wir nehmen den Bibeltext, fragen gemeinsam, was da steht und was er sagt, und übersetzen ihn anschließend in unser Leben. Das geschieht in gegenseitiger Offenheit. So kommen wir weiter, kapieren, was gemeint ist, und staunen, wie sehr die Bibel in unseren Alltag spricht. Aber das ist an eine Voraussetzung gebunden: Als Teilnehmer müssen wir ehrlich voreinander sein. Geschieht das nicht, bleiben wir in unseren Rollen. Wir mögen dabei viel Richtiges und Wichtiges sagen, aber es berührt uns nicht wirklich. Das Wort Gottes bleibt uns merkwürdig fremd.

Ein solches Bühnenstück kann unter Umständen sehr früh beginnen. Als Kind bin ich regelmäßig mit meinem Großvater zum Gottesdienst gegangen, aber nicht weil ich ein so frommes Kind war, sondern weil unsere Wohnung über dem Gottesdienstraum lag.

Während des Gottesdienstes hatten wir uns dort still zu verhalten, denn das Haus war hellhörig, und einen parallelen Kindergottesdienst (Sonntagschule hieß das damals) gab es noch nicht. Da erschien es mir leichter, unten im Gottesdienst zu sitzen, als mich oben nicht rühren zu dürfen. Von den Predigten bekam ich nicht viel mit, dafür war ich zu klein. Was ich vor allem mitbekam, war die Anerkennung vonseiten der Gemeinde, besonders der älteren Frauen. Die waren begeistert, dass der kleine Kerl so still und brav neben seinem Opa saß. Selbstverständlich spornte mich das an, umso lieber nahm ich meinen Platz ein. Erst später kapierte ich, wie fixiert ich darauf war, ein anerkennendes Lob für meine Gottesdienstbesuche zu ernten. Hätte ich diese Rolle als besonders frommer Junge weitergespielt, wäre es wohl irgendwann zum Bruch gekommen. Denn eine Rolle – besonders eine fromme – macht unfrei. Echt werden, darum geht es eben auch hier. Kennen Sie ähnliche Erfahrungen?

Aber unsere Rollenspiele reichen noch weiter. Manche Christen werden geradezu in eine Rolle gedrängt. Da ist zum Beispiel ein Professor. Die Gemeinde hat nicht viele solcher Leute aufzuweisen. Deshalb wird er überall als Professor herumgereicht und vorgestellt. Oder nehmen wir einen angesehenen Unternehmer. Weil er von Wirtschaft und Verwaltung eine Menge versteht, wird er mit einer Leitungsaufgabe betraut. Dort sitzt er nun als Unternehmer und ist außerstande, sich von dieser Rolle zu lösen. Oder da ist Bruder X, er ist Pastor im Ruhestand. Was er auch sagt oder tut, ob auf der Kanzel, im Bibelkreis oder in der Gemeindeversammlung, es geschieht als Pastor X. Genauso geht es Schwester Gertrud, einer Diakonisse. Ihre Tracht unterstreicht noch ihre besondere Rolle – ob sie es will oder nicht, sie spricht und handelt immer als Diakonisse. Diese Kette ließe sich beliebig fortsetzen: Männer und Frauen, Singles und Verheiratete, Alteingesessene und Hinzugezogene. Auch unter jungen Leuten gibt es Rollen, progressive und konservative, linke und rechte, traditionelle und alternative. Irgendwann sind sie uns so sehr auf den Leib geschrieben, dass wir untrennbar mit ihnen verbunden sind.

Damit behaupte ich nicht, dass eine Rolle nur negativ ist. Im gesellschaftlichen Leben sind Rollen sicher wichtig, aber in der christlichen Gemeinde leben in erster Linie Geschwister zusammen, also Menschen, die in Jesus Christus durch den Heiligen Geist miteinander verbunden sind. Diese geistliche Gemeinschaft ist so stark, dass dahinter alle Rollen, die wir aufgrund unserer gesellschaftlichen Positionen, unseres Geschlechtes, unseres Alters, unserer Nationalität oder Rasse übernommen haben, zurücktreten. Paulus schreibt: *Hier ist nicht Jude noch Grieche, hier ist nicht Sklave noch Freier, hier ist nicht Mann noch Frau; denn ihr seid alle einer in Christus Jesus* (Galater 3,28).

Professoren und Studenten sind in Christus Brüder, im Dienst ergraute Mitarbeiter und unerfahrene Teenager gehören zu *einer* Familie, der Chef und seine Angestellten begegnen sich als Geschwister. Damit wird nicht die Achtung voreinander aufgehoben, ganz im Gegenteil. Schon gar nicht darf die Situation ausgenutzt werden. Paulus gibt seinem jungen Mitarbeiter Timotheus den Rat, die alten Geschwister der Gemeinde wie Väter und Mütter zu ermahnen, den Schwestern mit der gebotenen Zurückhaltung zu begegnen (1. Timotheus 5,1). Auch über die gesellschaftlichen Unterschiede seiner Zeit setzte sich Paulus nicht einfach hinweg. Er bittet Philemon, den entflohenen Sklaven Onesimus wieder aufzunehmen - aber als Bruder in Christus und so, als käme er, Paulus, zurück zu ihm (Philemon 17).

Eine große Familie

Durch Jesus Christus ist die Gemeinde zu einer großen Familie geworden - aber leider sieht das in der Praxis manchmal anders aus. Wenn ich eine Gemeinde besuche, werden mir meist gesellschaftlich angesehene und besonders begabte Leute vorgestellt. Mit den Männern und Frauen, die regelmäßig den Saal putzen, hat mich noch niemand bekannt gemacht. Es ist der Tod einer wahren geistlichen Gemeinschaft, wenn die gesellschaftliche Wertskala auch in der Gemeinde das Maß der Anerkennung bestimmt. Gott misst anders. An ihm haben wir uns zu orientieren.

Übrigens ist es auch für Funktionsträger der Gemeinde befreiend, wenn sie gleichzeitig Brüder und Schwestern sind. Als ich vor 40 Jahren als Gemeindepastor begann, hatte ich die eigenartige Vorstellung, ich dürfe jetzt nichts mehr falsch machen. Ein Pastor müsse ein möglichst vollkommener Mensch sein, der vor allem keine Schwächen zeigen dürfe. Das hatte man mir im Studium beigebracht, wenigstens hatte ich es so verstanden. Natürlich gelang mir das nicht, also verbarg ich ängstlich meine Fehler und Schwächen. Die Folge war, dass ich die Freude an meiner Arbeit verlor. Das Leben wurde sehr stressig. Da ich das Bild des vollkommenen Gemeindepastors wahren wollte, ließ ich mein eigentliches Leben draußen, bis ich glücklicherweise schon sehr bald begriff, wie unsinnig das ist. Spricht die Bibel nicht offen über die menschliche Seite der Boten Gottes? Anscheinend tat das ihrer Autorität keinen Abbruch. Im Gegenteil, je ehrlicher sie sich selbst einbrachten, desto mehr wurden sie von Gott gebraucht. Die Aufgabe, in die Gott sie berief, trat nicht an die Stelle ihres Menschseins, sondern sie waren und blieben unvollkommene Menschen, die von Gott gebraucht wurden. Auch in meiner jetzigen Arbeit will ich nicht in erster Linie Funktionsträger sein, sondern der Mensch Peter Strauch, den Jesus Christus in eine bestimmte Aufgabe berufen hat.

Das hebt allerdings nicht auf, dass Gott seinen Leuten ihrer Berufung entsprechende Schutzräume gibt. Im Blick auf die verantwortlichen Gemeindeleiter schreibt Paulus: *Erkennt die an, die sich für euch abmühen und in der Gemeinde des Herrn Verantwortung übernehmen, um euch den rechten Weg zu zeigen. Wegen des Dienstes, den sie an euch tun, sollt ihr ihnen mit Hochachtung und Liebe be-*

gegnen (1. Thessalonicher 5,12). Selbstverständlich heißt das nicht, dass sie ihr Amt als Schutzschild vor sich hertragen. Auch sie sind Geschwister unter Geschwistern, nicht mehr, aber eben auch nicht weniger. Gesellschaftliche Rollen und die Skala der Funktionsträger in Gemeinden, Männer, Frauen, Junge, Alte, wie leben wir mit dieser Vielfalt? Darüber lohnt sich das Gespräch miteinander. Seien Sie mutig und regen Sie es an. Wie oft betonen wir aufgrund des oben zitierten Verses Galater 3,28 die Gleichwertigkeit. Aber leben wir Sie?

Noch einmal sei abschließend in diesem Kapitel Johannes 8,36 genannt: *Wenn euch nun der Sohn frei macht, so seid ihr wirklich frei!* Zu dieser wahren Freiheit gehört es auch, unsere Bühnenrolle niederzulegen und damit zu beginnen, uns als Menschen in Christus zu begegnen. Wenn wir das begreifen und entsprechend leben, verlieren wir endlich die Angst voreinander. Dann erst können wir wirklich authentische Geschwister sein. Dann werden wir unsere Schwächen nicht mehr voreinander verbergen, sondern uns gemeinsam helfen, in Christus stark zu sein. Dann verlieren wir auch unsere aufgesetzte Fröhlichkeit und den distanzierten Umgang miteinander. Unsere Gemeinschaft wird echt sein, weil wir endlich ernst machen mit der Tatsache, dass wir in Christus eins sind. Dann erst werden wir auch in den Augen der Welt außerhalb der christlichen Gemeinde echt und glaubwürdig sein, denn Jesus hat gesagt: *Daran, dass ihr Liebe zueinander habt, wird jeder erkennen, dass ihr meine Jünger seid* (Johannes 13,35).

Glaubst du eigentlich, dass ich dich lieb habe?

P.S. Persönlich.

Pfarrer Heinrich Kemner (1903–1993) beschreibt in seiner Biographie[14] einige Erlebnisse während seiner Vikariatszeit in Witten. Seine Einführungspredigt fand das Lob seines Vorgesetzten. Johannes Busch (1905–1956), der zu dieser Zeit Pfarrer in Witten war, lud den jungen Vikar nach dem Gottesdienst zum Mittagessen ein. Auf dem gemeinsamen Weg durch die Stadt blieb Busch plötzlich stehen, schaute dem jungen Vikar in die Augen und fragte: *Glaubst du eigentlich, dass ich dich lieb habe?* Heinrich Kemner antwortete nach kurzem Nachdenken: *Ja, das glaube ich.* Darauf sagte Johannes Busch: *Dann muss ich dir in Liebe etwas sagen. Die heutige Predigt ist daneben gegangen. Du hast nicht den Herrn Jesus gepredigt, sondern dich selber. Ich habe betend unter deiner Predigt gesessen. Deshalb muss ich dir das sagen.* Heinrich Kemner blieb dieses Erlebnis unvergesslich.

Wünschen Sie sich auch manchmal jemanden, der mit Ihnen geht und Sie fragt: „Glaubst du eigentlich, dass ich dich lieb habe?“, und der Sie dann in Liebe auf Fehler, Gefährdungen und Fehlentwicklungen hinweist? Wir alle brauchen solche Leute.

Ich staune über das, was Gott in unserem Land tut. Wir haben unglaublich viele Möglichkeiten, das Evangelium unter die Leute zu bringen, und wir nutzen sie auch mit großen und kleinen missionarischen Aktionen. Trotzdem gibt es eine Entwicklung, die ich für gefährlich halte. Sie zeigt sich nicht in Aktionsarmut. Sie sitzt tiefer. Gemeint ist eine Beziehungskrise. Sie besteht nicht in erster Linie

14 Heinrich Kemner: Da kann ich nur staunen. R. Brockhaus Verlag Wuppertal 1983

zwischen Menschen, sondern zwischen uns und dem, dem wir gehören: Jesus Christus.

Es ist nicht leicht, darüber zu reden. Nicht, dass es Hemmungen gäbe! Aber um zu beschreiben, was ich meine, muss ich Begriffe verwenden, die vielen von uns so vertraut sind, dass sie uns kaum noch erreichen. An Jesus glauben – eine persönliche Beziehung zu ihm haben – in ihm bleiben: Wer in evangelikalen und pietistisch geprägten Kreisen kennt das nicht? „Freundschaft mit Jesus" ist der Titel eines Buches von Rudolf Schnackenburg und genau darum geht es.

Wer ist Jesus für mich? Was bedeutet er mir? Wie lebe ich mit ihm? Liebe ich ihn – und wenn ja, woran zeigt sich das? Das sind die Fragen, die mich bewegen und denen wir uns zu stellen haben. Wir sollten es ehrlich tun. Nicht die Vertrautheit mit seinem Namen, sondern unsere Liebe und Leidenschaft für Jesus sind der Prüfstein unseres geistlichen Lebens. Aus eigener Erfahrung weiß ich, wie schnell man das aus dem Blick verlieren kann. Wir können in christlichen Programmen unglaublich aktiv sein und doch die herzliche Gemeinschaft mit ihm verlieren. Die Beziehung zu Jesus wird versachlicht. Wir haben kein Herz mehr für ihn.

Wer bin ich, o Gott, wenn mich keiner sieht?

Was sind die Folgen einer abgekühlten Jesusbeziehung? Manchmal führen sie zu einer Institutionalisierung des geistlichen Lebens. Ich will erläutern, was ich damit meine.

Eine Institution ist eine Einrichtung. Wenn jemand etwas institutionalisiert, dann bringt er es in eine feste, gültige, dauerhafte Form. Man weiß, was man zu tun und zu lassen hat. Man macht Stille Zeit, man betet vor dem Essen und man schließt die Augen beim Gebet. Geschriebene und vor allem ungeschriebene Gesetze bestimmen das Leben.

Das ist keinesfalls nur negativ. Wir brauchen Verhaltensregeln, die uns in Fleisch und Blut übergehen. Aber wenn dabei der Sinn auf der

Strecke bleibt und wir nicht mehr wissen, weshalb wir dieses und jenes tun oder lassen, wird das Leben unsinnig und leer. Außerdem öffnet es den Weg zur Gesetzlichkeit. Man beginnt, an Verhaltensformen den Frömmigkeitsgrad abzulesen. Das Klima wird kalt und kontrollierend. Meist verläuft der Institutionalisierungsprozess zunächst unmerklich und unbewusst. Das ist das Gefährliche daran. Der lebendige Herr verblasst zu einer toten Begrifflichkeit. Nach wie vor bin ich Mitarbeiter bzw. Mitarbeiterin, predige und bete und habe vielleicht nicht einmal mitbekommen, dass meine geistliche Vollmacht erloschen ist.

Oft folgt auf Zeiten entleerter Frömmigkeit die Ablehnung biblischer Maßstäbe. Der Mensch und seine Bedürfnisse rücken in den Vordergrund. Das Denken der Welt beginnt die Christen zu formen, während sie ihren christlichen Rahmen beibehalten. Der Glaube an Jesus Christus verkommt zum Kulturgut. Es ist wie mit dem Kruzifix in bayerischen Schulklassen. Man geht auf die Barrikaden, wenn es verschwinden soll, aber nach dem Wort des Gekreuzigten fragt kaum jemand. Wir haben auf die Anfänge zu achten und ihnen zu wehren. Wie begegnet man einer solchen Entwicklung? Was setzen wir ihr entgegen? Immer wieder hat uns diese Frage auch in den vorausgehenden Kapiteln beschäftigt.

Zunächst einmal müssen wir uns der Situation ehrlich stellen. David betet: *Durchforsche mich, Gott, sieh mein Herz, prüfe meine Wünsche und Gedanken* (Psalm 139,23). Mit diesem Gebet sollten wir beginnen. Auf unser Thema bezogen lautet die Bitte: *Herr, durchforsche mich und zeige mir, wer ich bin, wenn mich keiner sieht.* Vielleicht sollten Sie an dieser Stelle das Lesen noch einmal unterbrechen und das Buch für einige Augenblicke aus der Hand legen. Sprechen Sie mit Gott, hören Sie auf seine Stimme, schreiben Sie auf, was Ihnen dabei wichtig wird.

Ich will Ihnen sagen, wie es mir bei dieser Gebetsstille ergangen ist. Ich nahm meinen Kalender zur Hand und sah mir die Termine des nächsten Monats an: Sitzungsprogramme, Gespräche, Predigten und Vorträge. Mir fiel auf: Jede dieser Eintragungen hat eine öffentliche und eine verborgene Seite. Es ist wie bei einem Geschäft mit Schaufenstern und einem Innenraum.

Die Schaufenster sind ansprechend gestaltet. Kluge Geschäftsleute lassen sich die Dekoration viel kosten. Wird damit das Interesse der Kundschaft geweckt, ist schon viel gewonnen. Ich meine das ganz und gar nicht negativ. Auch bei meinen Termineintragungen sind die Außenwirkungen wichtig. Eine gut vorbereitete Sitzungsleitung, sorgfältig geplante Gespräche, Predigten und Vorträge, die halten, was sie versprechen – das alles macht Sinn und gehört zu einer verantwortungsbewussten Arbeitsweise. Ich ärgere mich, wenn Mitarbeiter meinen, es genüge schon, anwesend zu sein, alles andere übernähme der Heilige Geist. Hin und wieder habe ich Gottesdienstleiter erlebt, die sich ihre Beiträge aus dem Ärmel zu schütteln schienen und dies bei kritischen Rückfragen auch noch fromm kaschierten. Der achte Grundwert der Willow-Creek-Church lautet: „Wir sind überzeugt, dass hervorragende Qualität Gott ehrt und Menschen inspiriert." Ich bin überzeugt: Das ist richtig und wichtig.

Aber was finde ich in den Innenräumen meiner Termine? Hier ist nicht der Ort, um darüber detailliert zu berichten. Aber so viel sei gesagt: Oft bin ich erschüttert, wenn Gott mir meine wahren Motive zeigt. Da sitze ich in Gremien, und mich beschäftigt vor allem, wie mich die anderen sehen und hören, und ich bin am Boden zerstört, wenn ich mich blamiere. Ich führe Gespräche, zeige mitfühlende Anteilnahme und kann doch erschreckend teilnahmslos sein. Wie oft waren Kanzeln, von denen ich predigte, für mich Orte der Selbstdarstellung. Ich bin dankbar, dass mein Herr mir das vor Jahren schmerzhaft offenbarte. Seitdem hilft es mir, jede Aufgabe, die unmittelbar vor mir steht, sehr bewusst in die Hände Gottes zu legen. Trotzdem gibt es Niederlagen, Rückschläge, oft ein egoistisches Kreisen um die eigene Person. Wer ich bin, wenn mich keiner sieht? Nicht immer der, den die Leute erwarten und der in Vorstellungsinterviews zur Sprache kommt.

Bei Henri J.M. Nouwen las ich zum ersten Mal von der *nepsis*, einem Begriff aus der frühen Kirchengeschichte. Bei Nouwen steht *nepsis* für geistige Nüchternheit, aufmerksames Hinhören auf Gott, Wachsamkeit im Blick auf böse Gedanken und einen freien Raum für das Gebet. In einer Tagebucheintragung schreibt er: „Wie schwierig doch die *nepsis*, die Wachsamkeit des Herzens oder Kontrolle der Gedanken, wirklich ist, von der ich heute Morgen etwas gelesen habe! Nicht nur, dass meine Gedanken in alle Richtungen wanderten; sie begannen auch noch, viele negative Gefühle auszubrüten, Gefühle der Feindseligkeit gegenüber Leuten, die mir nicht die gewünschte Aufmerksamkeit geschenkt hatten, Gefühle der Eifersucht gegenüber solchen, die mehr empfingen als ich, Gefühle des Selbstmitleids im Hinblick auf Menschen, die mir nicht geschrieben hatten, und viele Gefühle des Bedauerns und der Schuld gegenüber Menschen, zu denen meine Beziehungen gespannt waren."[15]

Wie gut ich das kenne! Es hilft nichts, solche Gedanken fromm zu verbrämen oder zu verdrängen. Es bleibt nur der Weg, diesen verborgenen Innenraum zu öffnen, manchmal im Beisein eines anderen Menschen, und das helle Licht Gottes hereinzulassen. „Entdecke alles und verzehre, was nicht in deinem Lichte rein", hat Gerhard Tersteegen gedichtet. Genau darum geht es.

Auch meine To-do-Listen gehören in diesen Zusammenhang, auch sie haben einen Innenraum. Was treibt mich bei meinen Aufgaben? Nach welchen Kriterien übernehme und verweigere ich sie? Weshalb schreibe ich Lieder und Artikel? Weshalb arbeite ich an diesem Buch?

15 Henri J.M. Nouwen: Ich hörte auf die Stille. Sieben Monate im Trappistenkloster. Verlag Herder, Freiburg i.Br. 2004

Du allein kennst mich wirklich

In diesem Jahr sind es genau 40 Jahre, die ich als Prediger des Evangeliums unterwegs bin. Wie sieht die Bilanz meines Lebens aus, wenn ich alle Räume, in denen mich andere nicht sehen, einbeziehe? Was begegnet mir dort an Gedanken, Sehnsüchten und Begierden? Wer bin ich in meiner Beziehung zu den Menschen, die ich liebe, zu meiner Frau, meinen Kindern und Enkeln? Dürfen sie wissen, was mir alles durch den Kopf geht, wenn mich keiner sieht – Gedanken, über die ich manchmal selbst erschrocken bin, obwohl ich doch meine, mich zu kennen?

In diesem Februar 2006 erinnerten die Medien an den 100. Geburtstag Dietrich Bonhoeffers. In seiner Tegeler Gefängniszelle schrieb er 1944 das folgende Gedicht:

Wer bin ich? Sie sagen mir oft,
ich träte aus meiner Zelle
gelassen und heiter und fest
wie ein Gutsherr aus seinem Schloss.

Wer bin ich? Sie sagen mir oft,
ich spräche mit meinen Bewachern
frei und freundlich und klar,
als hätte ich zu gebieten.

Wer bin ich? Sie sagen mir auch,
ich trüge die Tage des Unglücks
gleichmütig, lächelnd und stolz,
wie einer, der Siegen gewohnt ist.

Bin ich das wirklich, was andere von mir sagen?
Oder bin ich nur das, was ich selbst von mir weiß?
Unruhig, sehnsüchtig, krank, wie ein Vogel im Käfig,
ringend nach Lebensatem, als würgte mir einer die Kehle,
hungernd nach Farben, nach Blumen, nach Vogelstimmen,
dürstend nach guten Worten, nach menschlicher Nähe,
zitternd vor Zorn über Willkür und kleinlichste Kränkung,
umgetrieben vom Warten auf große Dinge,
ohnmächtig bangend um Freunde in endloser Ferne,
müde und leer zum Beten, zum Denken, zum Schaffen,
matt und bereit, von allem Abschied zu nehmen?

Wer bin ich? Der oder jener?
Bin ich denn heute dieser und morgen ein andrer?
Bin ich beides zugleich? Vor Menschen ein Heuchler
und vor mir selbst ein verächtlich wehleidiger Schwächling?
Oder gleicht, was in mir noch ist, dem geschlagenen Heer,
das in Unordnung weicht vor schon gewonnenem Sieg?

Wer bin ich? Einsames Fragen treibt mit mir Spott.
Wer ich auch bin, Du kennst mich, Dein bin ich, o Gott![16]

16 Dietrich Bonhoeffer: Widerstand und Ergebung © by Gütersloher Verlagshaus, Gütersloh, in der Verlagsgruppe Random House GmbH, München

Wenn ich zurückschaue auf meine ersten Dienstjahre als Gemeindepastor, dann glaubte ich damals, vieles gut zu überblicken – auch mich selbst. Heute bin ich vorsichtiger geworden, bescheidener im Hinblick auf Selbsterkenntnis. Das hängt auch mit vielem zusammen, was ich im Laufe der Jahre in seelsorgerlichen Gesprächen gehört habe. Wie verworren und unverständlich sind manche unserer Entscheidungen, Handlungen und auch Abhängigkeiten! Das Wort Gottes sagt: *Nichts ist so abgründig, wie das menschliche Herz. Voll Unheil ist es, wer kann es durchschauen? Ich, der Herr, sehe bis auf seinen Grund, ich kenne die geheimsten Wünsche der Menschen* (Jeremia 17,9.10a).

Ständige Selbstbespiegelung und Selbstanalyse sind keine geeigneten Instrumente zur Freiheit; im Gegenteil, sie binden uns oft. Gebrauchen wir sie ohne Gott, bleiben wir in uns selbst gefangen. Es gibt keine befreiende Selbsterkenntnis ohne Gotteserkenntnis. Nur er kann mir zeigen, wer ich wirklich bin. Und selbst dann bleibt noch vieles im Dunkel. Wir sind nicht erst dann frei, wenn wir uns restlos durchschauen. *Wer ich auch bin, Du kennst mich, Dein bin ich, o Gott!* Das ist und bleibt der einzige Weg.

Nach 40 Dienstjahren bin ich wieder dort, wo ich damals begonnen habe. Auf meinem Arbeitstisch im Theologischen Seminar stand ein Spruch, den ich irgendwo gehört oder gelesen hatte: „Ich lebe heute mit Jesus, das genügt!" Zweierschaft mit Jesus (ich meine das nicht kumpelhaft), das ist das ganze Geheimnis des Glaubens. Auch jetzt, während ich die Buchstaben in den Computer tippe, ist Jesus unmittelbar neben mir. Ist es nicht eigenartig? Obwohl wir im Vertrauen zu ihm unseren Glaubensweg begonnen haben, machen wir so schnell ein System daraus. Wie installieren unseren Glauben und machen ihn zu einer Theologie. Dabei droht die lebendige Beziehung zu Jesus auf der Strecke zu bleiben. Wie merkwürdig groß ist die Scheu in Theologenkreisen, über diese Beziehung zu reden, zum Beispiel in zwischenkirchlichen Gesprächen. Als ich vor vielen Jahren als frischgebackener Leiter der Bundesjugendarbeit in die AEJ (Arbeitsgemeinschaft Evangelischer Jugend) kam und vom persönlichen Glauben an Jesus sprach, wurde ich angesehen wie ein Wesen von einem anderen Stern. Selbst meine evangelikalen und pietistischen Freunde erkannte ich nicht wieder. Und – ich muss es gestehen – auch ich passte mich schnell den Verhältnissen dort an. Glauben wir denn ernsthaft, diese Entwicklung sei ein Ausdruck theologischer Reife? Kürzlich gab mir jemand ein Blatt mit einem Ausspruch von Corrie ten Boom in die Hand: „Manche Menschen vertrauen dem Herrn, dass er ihre Seele rettet, nicht aber, dass er für ihr alltägliches Leben sorgt." Genau das ist der Punkt! Jesus Christus ist unser Herr in alle Ewigkeit, aber ist er auch der, mit dem ich über das rede, was in den nächsten Minuten ansteht?

Niemand kann sich letztlich mit einem versachlichten Glauben zufrieden geben. Die zahlreich suchenden Menschen unserer Zeit treiben wir damit in die Esoterik, und auch wir selbst sind nicht glücklich dabei. Wir Menschen brauchen mehr als eine Sache – wir brauchen jemand, mit dem wir Tag für Tag unterwegs sind, der uns versteht, der uns trägt und hält. Wir brauchen den, der uns geliebt, gewollt und geschaffen hat. Bei Paulus klingt das so: *Darum lebe nun nicht mehr ich, sondern Christus lebt in mir. Das Leben, das ich jetzt noch in diesem vergänglichen Körper lebe, lebe ich in dem Vertrauen auf den Sohn Gottes, der mir seine Liebe erwiesen und sein Leben für mich gegeben hat* (Galater 2,20). Da sitze ich nun in meinem vergänglichen Körper und gebrauche ihn dankbar, so lange es noch geht. Aber schon heute genieße ich es, dass Christus mein Leben ist, an diesem Tag und morgen und über meine Sterbestunde hinaus.

Glaubst du, dass ich dich lieb habe?, fragt unser Herr, und er fragt Sie und mich sehr persönlich. Und vielleicht legt er dabei seine durchbohrte Hand auf die offensichtlichen und verborgenen wunden Stellen unseres frommen Lebens. Mag sein, dass uns seine aufdeckende Liebe stört. Schließlich haben wir Rang und Namen, und sein Nachfragen und Offenlegen gehen uns an die Ehre. Aber auch enttarnende und schmerzhafte Wege gehören zum Heilungsprozess unseres geistlichen Lebens. Wenn wir den Mut haben, unsere vermeintliche Stärke abzulegen, unsere eigenwillige Frömmigkeit zuzugeben und unsere leeren Hände in seine Hand zu legen, kommt seine Kraft in unserem Leben zur Wirkung. Nur so finden wir die Erfüllung, für die wir von Gott geschaffen wurden und nach der wir uns so sehr sehnen. Ohne ihn können wir schließlich nichts tun!

Peter Strauch
Lebensspuren
Texte aus vier Jahrzehnten